Letts GCSE Success

Revision Guide

French

Clive Bell • Lawrence Briggs

Contents

Everyday life

	Revised
Universal language 4	☐
The written exam 6	☐
My home 1 8	☐
My home 2 10	☐
Family, friends and me 1 12	☐
Family, friends and me 2 14	☐
Daily routine 1 16	☐
Daily routine 2 18	☐
School and money 1 20	☐
School and money 2 22	☐
Descriptions 1 24	☐
Descriptions 2 26	☐
Practice questions 28	☐

Leisure and travel

	Revised
Getting about 1 30	☐
Getting about 2 32	☐
Leisure, hobbies and sports 1 34	☐
Leisure, hobbies and sports 2 36	☐
Where did you go … and what did you do …? 1 38	☐
Where did you go … and what did you do …? 2 40	☐
Practice questions 42	☐
Once upon a time 1 44	☐
Once upon a time 2 46	☐
Holiday accommodation 1 48	☐
Holiday accommodation 2 50	☐

	Revised
Directions and transport 1 52	☐
Directions and transport 2 54	☐
The world of preferences 1 56	☐
The world of preferences 2 58	☐
Practice questions 60	☐

Out and about

	Revised
Welcome! 1 62	☐
Welcome! 2 64	☐
Food and drink 1 66	☐
Food and drink 2 68	☐
At the shops 1 70	☐
At the shops 2 72	☐
Problems! 1 74	☐
Problems! 2 76	☐
Practice questions 78	☐

The wider world

	Revised
The future 1 80	☐
The future 2 82	☐
Our world 1 84	☐
Our world 2 86	☐
Which way to go? 1 88	☐
Which way to go? 2 90	☐
Practice questions 92	☐
Answers 94	☐
Index 96	☐

Universal language

Numbers

0	zéro	17	dix-sept	79	soixante-dix-neuf
1	un	18	dix-huit	80	quatre-vingts
2	deux	19	dix-neuf	81	quatre-vingt-un
3	trois	20	vingt	82	quatre-vingt-deux
4	quatre	21	vingt et un	90	quatre-vingt-dix
5	cinq	22	vingt-deux	100	cent
6	six	23	vingt-trois	101	cent un
7	sept	24	vingt-quatre	1 000	mille
8	huit	30	trente	1 000 000	un million
9	neuf	31	trente et un		
10	dix	40	quarante		
11	onze	50	cinquante		
12	douze	60	soixante		
13	treize	70	soixante-dix		
14	quatorze	71	soixante et onze		
15	quinze	72	soixante-douze		
16	seize	78	soixante-dix-huit		

1st, 2nd, 3rd...
1st: le premier/la première
2nd: le second/la seconde
(OR le deuxième/la deuxième)
3rd: le/la troisième
4th: le/la quatrième, etc.

Time

Quelle heure est-il?	What time is it?
Il est ...	It is ...
midi/minuit	midday/midnight
une heure	one o'clock
deux heures	two o'clock
trois heures cinq	five past three
quatre heures **et quart**	**quarter past** four
cinq heures **et demie**	**half past** five
six heures **moins vingt**	**twenty to** six
sept heures **moins le quart**	**quarter to** seven

24-hour times
Il est/à ...   It is/at ...
1.00 une heure
2.15 deux heures **quinze**
12.00 douze heures
13.30 treize heures **trente**
21.40 vingt et une heures **quarante**
00.00 zéro heure

Being polite

Tu and **vous**
If you're talking to:
- one friend or relative (or a pet): use **tu**.
- an adult, a stranger or more than one person: use **vous**.

Remember to give the right title to other people you don't know well or aren't related to – **Monsieur** or **Madame** – when you speak to them in French:
- Bonjour Madame, comment allez-vous?

Hello (madam), how are you?

The alphabet

a (think 'voil**à**')   h (think '**v**ache')   o (think 'ois**eau**')   u (think '**tu**')
b (think '**bé**bé')   i (think 'voic**i**')   p (think 'Saint Tro**pez**')   v (think '**vé**lo')
c (think 'c'est')   j (think '**j'y**')   q ku (think '**tu**')   w (think '**doobler vé**lo')
d (think 'a**ider**')   k ka   r air   x eex (think 'Astér**ix**')
e (think 'p**eu**')   l ell   s ess   y ee-grek
f eff   m em   t (think '**thé**')   z zed
g (think 'j'ai')   n en

Short answers and link words (conjunctions)

Short answers

(Oui), d'accord	(Yes), okay
Bien sûr	Of course
Je veux bien	Yes, I do/please/all right
Tout de suite	Straight away
J'arrive!	I'll be with you in a moment!
Comment?	What?
Ce n'est (pas) vrai	It's (not) true
Mais non!	No! Not at all!
Pas encore	Not yet
Peut-être	Perhaps
Je ne sais pas	Don't know
Je n'en suis pas sûr	I'm not sure

Link words (conjunctions)

et	and
mais	but
donc	so, therefore
alors	then, therefore
puis	then
ensuite	afterwards
enfin	at last, finally
parce que	because
comme	as, since (because)
ou	or
sinon	otherwise, if not

Days and months

lundi	Monday	janvier	January
mardi	Tuesday	février	February
mercredi	Wednesday	mars	March
jeudi	Thursday	avril	April
vendredi	Friday	mai	May
samedi	Saturday	juin	June
dimanche	Sunday	juillet	July
		août	August
		septembre	September
		octobre	October
		novembre	November
		décembre	December

Quelle est la date? — What's the date?
C'est … — It's …
… le deux janvier — … the 2nd of January
… lundi trente juin — … Monday, 30th June

Questions

- quand? — when?
- qu'est-ce que? — what?
- qui? — who?
- quel(le)? — what/which?
- (Quelle heure est-il?) — (What time is it?)
- où? — where?
- pourquoi? — why?
- comment? — how/what?
- (Comment ça s'écrit?) — (How do you spell that?)

UNIVERSAL LANGUAGE

Everyday life

The written exam

- Stick to the instructions and give the examiners what they are asking for: a short list, a message or a letter (Foundation); a letter and a descriptive or imaginative piece of text (Higher).
- Once you have finished writing, check your answers as if you were marking them. Have you included everything you were asked to include in the question?
- Remember, at Foundation Level about 50% of your marks are for communication and the other half are for grammar and quality of language; at Higher Level about 40% of your marks are for communication, so grammar and quality of language are worth about 60%.
- Always show what you know, especially how you can use the tenses, express your opinions and make your e-mails, letters and descriptions interesting and varied. Check, too, that you have set out formal/business letters (to hotels, campsites, etc.) correctly.

1. Your French friend is coming to stay and wants to know what presents to bring for your family. Write a list **in French** giving four more presents.

Example	Livres
1	
2	
3	
4	
(2 marks)	

Example answer:
1. Chocolat
2. Parfum
3. Bonbons
4. Cravate

2. Now you are arranging a barbecue on the beach with a French friend, who sends you this e-mail, asking some questions.

> On va faire le barbecue?
> C'est quand?
> Qu'est-ce qu'on achète?
> C'est où, le rendez-vous?
> Tu prends le train?
> Tu rentres à quelle heure?
> Amicalement
> Chris

Write a reply, answering Chris's questions **in French** in full sentences each time. Exemple: Oui, je veux bien faire le barbecue

Write:
1. When the barbecue is (day and time)
   - Le barbecue, c'est vendredi soir à sept heures
2. What you are buying
   - J'achète du pain et des saucisses
3. Where you are meeting
   - Rendez-vous au centre-ville
4. How you are getting there
   - Je prends le train
5. When you plan to go home
   - Je rentre à neuf heures et demie

(20 marks)

3. Read the letter you have received from your French penfriend, Nathalie. She wants to know about your plans for the Christmas holidays and about your friends.

> Salut!
> Joyeux Noël! C'est bientôt les vacances de Noël.
> J'en suis contente, parce que je suis très fatiguée. Et toi?
> Je dois travailler pendant les vacances mais, tant pis, je vais sortir avec mes copains aussi.
> Tu sors souvent avec tes copains? Qu'est-ce que vous avez fait ce week-end? Comment sont tes copains? Ils sont sympa?
> Et tu vas aller où pour les vacances? Tu ne vas pas rester à la maison?
> Ecris-moi vite!
> Amitiés
> Nathalie

Ecrivez une lettre à Nathalie **en français**.
Répondez à ces questions/demandes:

- Vous êtes fatigué(e) vous aussi? 1
- Quand est-ce que vous sortez avec vos copains? 2
- Où allez-vous? 3
- Et ce week-end, vous êtes allés où? 4
- Comment sont vos copains? 5
- Vous allez rester à la maison pendant les vacances de Noël? 6
- Posez-lui une question sur ses vacances et ses copains. 7

> **Example**
>
> Salut Nathalie!
> Joyeux Noël à toi aussi! Moi aussi je suis fatigué – j'ai travaillé dur au collège. 1
> Normalement je sors le week-end avec mes copains. 2 3 Ils sont très sportifs alors samedi dernier nous avons fait un match de basket au centre sportif. 4 5 C'était extra!
> Pour les vacances de Noël je vais aller chez mes grands-parents. 6 J'adore ça, ils sont adorables!
> Et toi, tu vas rester à la maison ou tu vas aller chez tes grands-parents? 7
> A bientôt
> Chris

- If the letter is **formal**, you'll still need to follow the guidance and questions provided, but you should make sure these elements are included:

> **Example**
>
> | | | |
> |---|---|---|
> | 1. | The address of the business to which you are writing | Camping 'Beausoleil'
Avenue de la Libération
33175 ST. ANDRÉ DE CUBZAC |
> | 2. | Your home town and date | Southampton, le 22 mai 2006 |
> | 3. | The correct/polite way to address the person you are writing to (Monsieur/Madame) | Monsieur,
Avez-vous de la place … |
> | 4. | One of the various ways of signing off correctly | Veuillez agréer, Monsieur, mes salutations distinguées,
… (+ your signature) |

- To write an **imaginative piece** of text or to comment on an article, make full use of the prompt questions or text and work in **past, present and future tenses**, using plenty of **link words** and **opinions**. (See 'L'Attaque des Martiens' and 'Accident de route' on pages 45 and 46.)

Bon courage et bonne chance!

My home 1

The present tense

The present tense is used to describe:

| Something that happens (e.g. regularly) | → | J'habite à Brighton. Elle habite à Manchester. | → | I live in Brighton. She lives in Manchester. |

| Something that is happening **now** or **at the moment**. | → | I am living in Brighton. She is living in Manchester. |

Subject pronouns

These tell you who does what

je (I)   nous (we)
tu (you)   vous (you)
il (he/it)   ils (they)
elle (she/it)   elles (they)
on

💡 *There are two words for 'you'. Use 'tu' with <u>one</u> person you know well.*

💡 *'On' is used a lot in French. It can mean 'we', 'you' or 'people' (see page 63).*

Regular -er verbs

Take off the 'er' from the infinitive **regarder** ➡ **regard** and add these endings:

- je regard**e**   I watch/I am watching
- tu regard**es**   you watch/you are watching
- il/elle/on regard**e** he (etc.) watches/he is watching
- nous regard**ons**   we watch/we are watching
- vous regard**ez**   you watch/you are watching
- ils/elles regard**ent** they watch/they are watching

Shorten 'je' to 'j'' in front of verbs which start with 'h' or a vowel: **j'habite** (I live/I am living). **j'écoute** (I listen/I am listening)

Regular -ir and -re verbs

FINIR (TO FINISH) ➡ **fin**   **VENDRE** (TO SELL) ➡ **vend**

je fin**is**	nous fin**issons**	je vend**s**	nous vend**ons**
tu fin**is**	vous fin**issez**	tu vend**s**	vous vend**ez**
il/elle/on fin**it**	ils/elles fin**issent**	il/elle/on vend	ils/elles vend**ent**

💡 *Remember to say vend**ent**/regard**ent** like vend**e**/regard**e**.*

Irregular verbs

You just have to learn them by heart!

AVOIR (TO HAVE)	ÊTRE (TO BE)	ALLER (TO GO)	FAIRE (TO DO/MAKE)
j'ai	je suis	je vais	je fais
tu as	tu es	tu vas	tu fais
il/elle/on a	il/elle/on est	il/elle/on va	il/elle/on fait
nous avons	nous sommes	nous allons	nous faisons
vous avez	vous êtes	vous allez	vous faites
ils/elles ont	ils/elles sont	ils/elles vont	ils/elles font

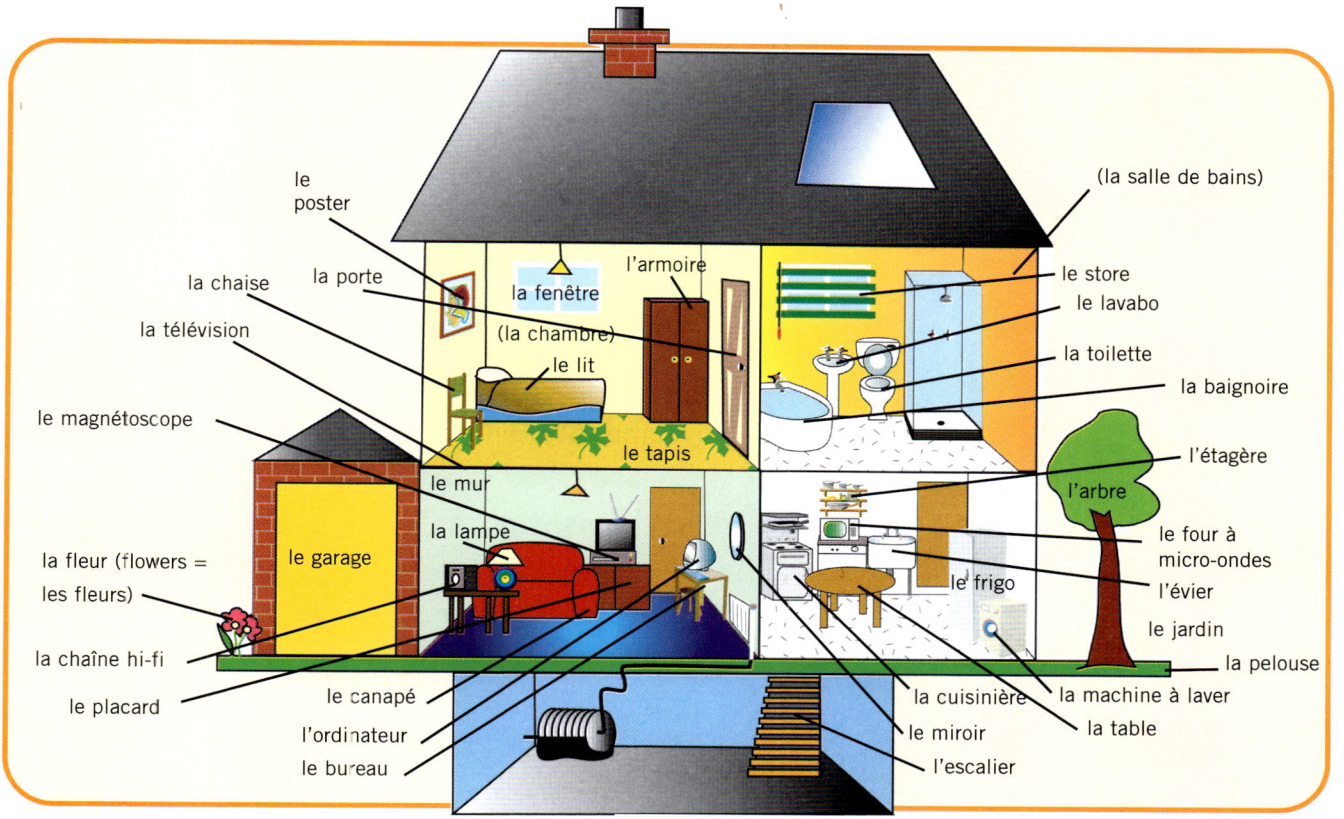

Où? (where)

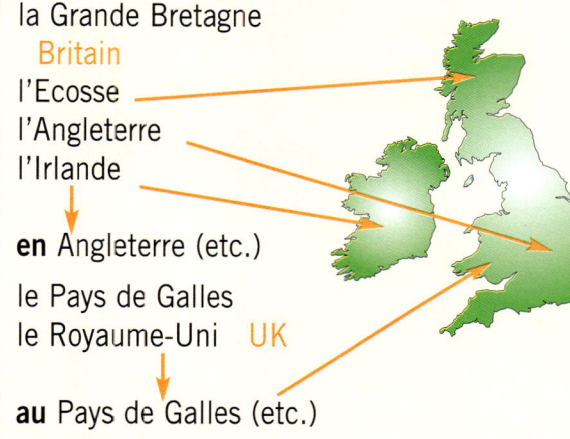

la Grande Bretagne
  Britain
l'Ecosse
l'Angleterre
l'Irlande

en Angleterre (etc.)

le Pays de Galles
le Royaume-Uni   UK

au Pays de Galles (etc.)

la ville	the town
la campagne	the countryside
la banlieue	the outskirts/suburbs
le village	village
le centre-ville	town/city centre
en ville	in town
à la campagne	in the country
au bord de la mer	at the seaside
loin de	a long way from
pas loin de	not far from
(tout) près de	(very) near to
devant	in front (of)
derrière	behind

Adjectives

*petit(e)	small, little	bleu(e)	blue
*grand(e)	big, large	noir(e)	black
*joli(e)	pretty	gris(e)	grey
*beau (bel/belle)	beautiful	vert(e)	green
*vieux (vieil/vieille)	old	jaune	yellow
*nouveau (nouvel/nouvelle)	new	rouge	red
moderne	modern	orange	orange
confortable	comfortable	rose	pink
tranquille	quiet, peaceful	marron	brown
laid(e)	ugly	blanc (blanche)	white
		violet (violette)	purple
		foncé	dark
		clair	light
		rayé	striped

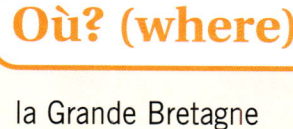

le nord, le nord-ouest, le nord-est, l'ouest, l'est, le sud-ouest, le sud-est, le sud

*These adjectives go **in front of** the noun. The others go **after** the noun (see page 25).

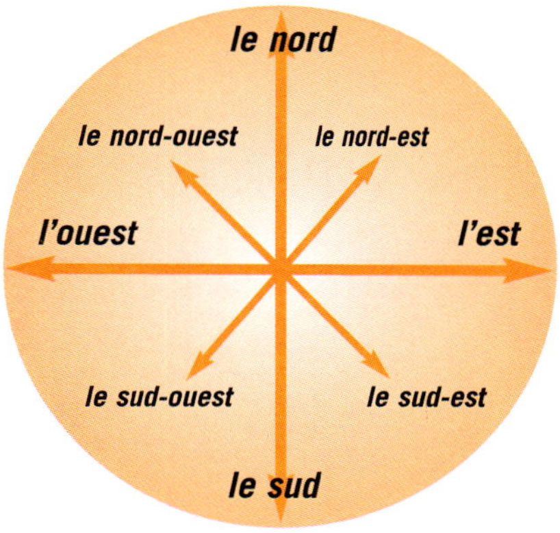

MY HOME 1 — Everyday life

My home 2

Ma ville

Où habites-tu? Where do you live?
J'habite à York I live in York
C'est une grande ville dans le nord de l'Angleterre It's a big town in the north of England

Tu habites en ville ou à la campagne? Do you live in town or in the countryside?
J'habite dans la banlieue, **à** huit kilomètres du centre-ville I live on the outskirts of town, eight kilometres from the city centre
Il y a un parc et des magasins pas loin de chez moi There's a park and some shops not far from my home

 Use à for 'in' with names of towns and villages.

Chez moi

Tu habites une maison ou un appartement? Do you live in a house or a flat?
J'habite une maison I live in a house

Elle est comment? What's it like?
Elle est assez petite It's quite small
C'est une vieille maison **de** sept pièces It's an old house, with seven rooms
Au rez-de-chaussée, il y a la cuisine On the ground floor, there's the kitchen
Au premier étage il y a trois chambres On the first floor there are three bedrooms
J'aime bien notre maison, mais elle est un peu trop petite I quite like our house, but it's a bit too small

 You don't need a word for 'in' when talking about a house or flat – only with place names or countries.

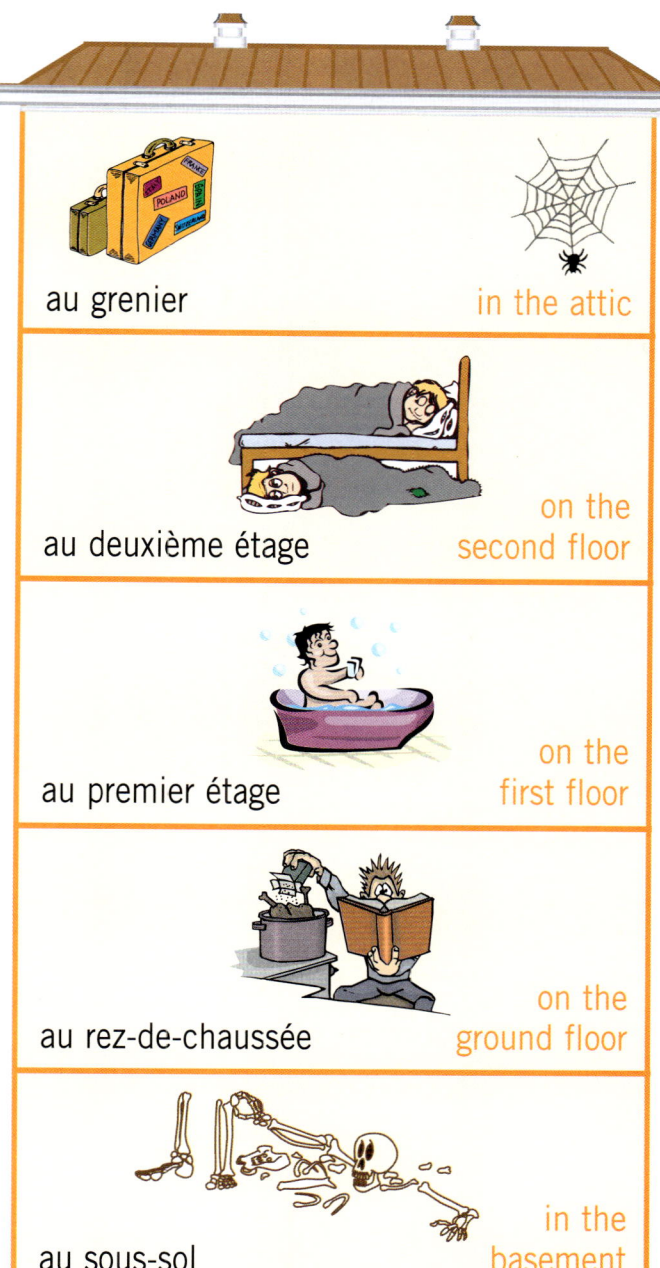

au grenier	in the attic
au deuxième étage	on the second floor
au premier étage	on the first floor
au rez-de-chaussée	on the ground floor
au sous-sol	in the basement

Ma chambre

Tu peux décrire ta chambre?
Can you describe your bedroom?

- Heureusement, j'ai ma propre chambre
  Fortunately, I've got my own bedroom
- Malheureusement, je partage une chambre avec mon frère
  Unfortunately, I share a bedroom with my brother
- Ma chambre est assez grande
  My bedroom is quite big
- Le tapis est vert, les murs sont blancs et les rideaux sont bleu foncé
  The carpet is green, the walls are white and the curtains are dark blue
- Dans ma chambre, j'ai un lit, bien sûr, et une armoire...
  In my bedroom, I've got a bed, of course, a wardrobe...
- Je fais mes devoirs dans ma chambre, ou j'écoute de la musique
  I do my homework in my bedroom, or I listen to music
- J'adore ma chambre, parce que c'est confortable et tranquille
  I love my bedroom, because it's comfortable and quiet

QUICK TEST

Say/write it in **English**:
1. J'habite à la campagne.
2. Le tapis est rouge foncé.
3. Au rez-de-chaussée, il y a la salle de séjour.
4. Les rideaux sont jaunes.

Say/write it in **French**:
5. It's a small town, in south-west England.
6. I live in a house with six rooms.
7. What's your flat like?
8. I like my bedroom because it's quite big.
9. My house is 10 km from the town centre.
10. In my bedroom, there's a computer and some posters.

Family, friends and me 1

Everyday life

3 questions ... 1 answer

HOW TO ASK QUESTIONS

1. Intonation: let your voice do the work
Tu as des animaux?
You have pets?

2. Add 'Est-ce que...':
Est-ce que tu as des animaux?
Do you have pets?

J'ai une tortue
I have a tortoise

3. Turn the verb and the pronoun round:
As-tu des animaux?
Have you got any pets?

Frequently asked questions

Q is for Question

Call the C.O.P.s

Qui est-ce? Who's that? C'est mon père That's my father

Qu'est-ce que c'est? What's that? C'est ma tortue That's my tortoise

Quel âge as-tu? What age are you? J'ai quinze ans I'm 15

C'est quand, ton anniversaire?
When's your birthday? Le trente juin 30th June

Comment t'appelles-tu?
What's your name? Je m'appelle Darren
My name is Darren

Comment cela s'écrit?
How do you spell it? D(dé)- A(ah)-R(air)-R(air)-E(euh)-N(en)

Où habites-tu?
Where do you live? J'habite à York
I live in York

Pourquoi?
Why? Pourquoi pas?! C'est bien comme ville
Why not?! It's a nice town

Four key verbs

With just four key verbs you can exchange all the personal information you need:

1
Je m'appelle	My name is ...	Alex
Tu t'appelles	Your name is ...	Chris
Il s'appelle	His name is ... →	Martin
Elle s'appelle	Her name is ...	Martine

2
J'ai	I have/am ...	quinze ans	15 years old
Tu as	You have/are ...	les yeux bleus	blue eyes
Il a	He has/is ... →	les cheveux longs	long hair
Elle a	She has/is ...	un frère a brother, une sœur a sister,	
		un cheval a horse, beaucoup d'amis	
		lots of friends	

3
Je suis	I am ...	grand(e)	tall
Tu es	You are ...	petit(e) →	small
Il est	He is ...	timide	shy
Elle est	She is ...	marié(e), sympa	married, nice

4
J'aime	I like ...	le sport	sport
Tu aimes	You like ...	la lecture	reading
Il aime	He likes ... →	la télé	TV
Elle aime	She likes ...	les animaux	animals

Voici

You can present someone or something, including information, to somebody using:

Voici ... Here is/are ...

mon frère my brother
mon copain my mate/friend
mon numéro de téléphone my telephone number
mon adresse (e-mail) my (e-mail) address
ma mère my mother, ma copine my mate/friend
mes parents my parents

Asking questions is one of the weakest points in most students' French. You'll gain a lot of extra credit in class and a higher grade if you take the initiative. Just ask!

FAMILY, FRIENDS AND ME 1 — Everyday life

13

Family, friends and me 2

Moi-même

Salut! **Je** m'appelle Chris. **J'**ai quinze ans. Hi! My name's Chris. I'm 15 years old.

J'habite à York. **Je** suis assez grand et un peu timide. I live in York. I'm quite tall and a bit shy.

J'ai les yeux marron et les cheveux courts et blonds. I have brown eyes and short, fair hair.

J'ai un frère et une sœur: Alex et Sophie. I have a brother and a sister: Alex and Sophie.

Je n'ai pas d'animal, mais **j'**aime les chats. I don't have any pets, but I like cats.

Et toi?

Tu t'appelles comment? **Tu** as quel âge?
What's your name? How old are you?

Où habites-**tu**? **Tu** es comment – grand(e) ou petit(e)?
Where do you live? What are you like – tall or small?

Tu as les cheveux longs? **Tu** as les yeux bleus?
Do you have long hair? Do you have blue eyes?

Est-ce que **tu** as des frères et des sœurs? Et des animaux?
Do you have brothers and sisters? And pets?

Qu'est-ce que **tu** aimes – le sport? La lecture? La télé?
What do you like – sport? Reading? TV?

Et les autres?

Mon frère s'appelle Alex. **Il** a treize ans et **il** est sympa.
My brother's called Alex. He's 13 and he's nice.

Il est assez petit et **il** a les cheveux bruns et les yeux verts.
He's quite small and he has brown hair and green eyes.

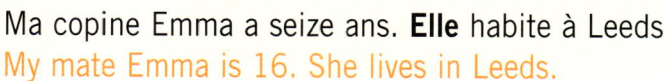

Il adore les animaux et **il** aime le foot.
He loves animals and he likes football.

Ma copine Emma a seize ans. **Elle** habite à Leeds.
My mate Emma is 16. She lives in Leeds.

Remember: adjective agreements with 'Elle' (see p. 24)

Elle est assez grand**e** et très intelligent**e**. **Elle** a deux chiens.
She's quite tall and very intelligent. She has two dogs.

 Use these sections to help you write e-mails, faxes and short letters.

QUICK TEST

Say/write it in **English**:
1. Je m'appelle Thomas.
2. Tu as un animal?
3. C'est quand, ton anniversaire?
4. Quelle est ton adresse?

Say/write it in **French**:
5. What's your name?
6. How old are you?
7. I'm quite shy.
8. She has green eyes.
9. Does he like reading?
10. Here's my sister. She's very intelligent and she loves animals.

Daily routine 1

Reflexive verbs, present tense

Reflexive verbs are so called because the **subject** (who does the action, e.g. 'scratching') is also the **direct object** (who has the action done to them):

- Je me gratte
  I'm scratching myself

Apart from these extra pronouns (Je **me**, tu **te**, etc.), reflexive verbs follow the same rules as other verbs: most are regular -er verbs (see page 8).
Impress the examiner! Get your reflexive verbs up to scratch!

je me lav**e**	I wash (myself)
nous nous lav**ons**	we wash (ourselves)
tu te lav**es**	you wash (yourself)
vous vous lav**ez**	you wash (yourself)
il se lav**e**	he washes (himself)
ils se lav**ent**	they wash (themselves)
elle se lav**e**	she washes (herself)
elles se lav**ent**	they wash (themselves)
on se lav**e**	we wash (ourselves)

- Je m'amuse!
  I'm enjoying myself!

- D'abord, je lave la voiture …
  First I wash the car …

- … et puis, je me lave!
  … and then, I wash myself!

'Prendre', 'faire': present tense

PRENDRE (TO TAKE)
je prends
tu prends
il prend
elle prend
on prend
nous prenons
vous prenez
ils prennent
elles prennent

- Je prends une douche
  I'm taking a shower

FAIRE (TO DO, MAKE)
je fais
tu fais
il fait
elle fait
on fait
nous faisons
vous faites
ils font
elles font

- Je fais mon lit
  I'm making my bed

> These two, most useful -re verbs are both irregular in the 'nous', 'vous', 'ils' and 'elles' forms, so it's best to learn them by heart.

Expressions of time

normalement	normally		
d'habitude	usually		
tous les jours	every day		
mardi matin	Tuesday morning		
jeudi après-midi	Thursday afternoon		
samedi soir	Saturday evening		
après les cours	after school		
souvent	often		
de temps en temps	from time to time		
rarement	rarely, hardly ever		

TIMES

à …		at
six heures et demie		6.30
sept heures et quart		7.15
dix heures		10.00
midi		midday
cinq heures moins le quart		4.45
huit heures moins dix		7.50
minuit		midnight

Choose your verbs

Je …	I …
me réveille	wake up
me lève	get up
me lave	wash
m'habille	get dressed
me dépêche	hurry
me repose	rest, relax
me couche	go to bed
quitte la maison	leave home
rentre	come home
regarde la télé	watch TV
lis	read
sors avec mes copains	go out with my mates

Take and make!

Je prends / I take (have)

une douche	a shower
un bain	a bath
mon temps	my time
le bus	the bus
le train	the train
un taxi	a taxi

des céréales	cereals
le petit déjeuner	breakfast
le déjeuner	lunch
le dîner	evening meal
un café	a coffee
un coca	a cola

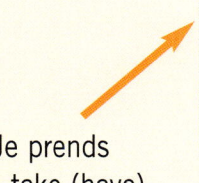

Je fais / I do/make

le ménage	the housework
mon lit	my bed
le linge	the washing
le repassage	the ironing
la cuisine	the cooking
la vaisselle	the washing up

une liste	a list
un effort	an effort
mes préparatifs	my preparation
mes devoirs	my homework

💡 *You only need to use a couple of reflexives to show the examiner your knowledge, but make plenty of use of 'prendre' and 'faire'.*

DAILY ROUTINE 1 — Everyday life

Daily routine 2

Le matin

Normalement, je me lève à six heures et demie. C'est trop tôt!
I normally get up at 6.30. It's too early!
Je prends une douche, **puis** je prends le petit déjeuner. **D'habitude** je prends des toasts et du lait.
I shower, then I have breakfast. I usually have some toast and milk.
Je fais mon lit, puis je quitte la maison à sept heures et quart.
I make my bed, then I leave home at 7.15.
De temps en temps je prends le bus mais normalement je vais au collège à pied.
Occasionally I take the bus but usually I walk to school.
J'arrive au collège à huit heures moins cinq. Les cours commencent à huit heures.
I get to school at five to eight. Lessons begin at eight o'clock.
J'ai quatre heures de cours le matin. Je trouve que c'est long.
I have four hours of lessons in the morning. I think that's a long time.

L'après-midi

A midi on mange dans la cantine. D'habitude, c'est très bon.
At noon we have school dinner. It's usually very good.
Puis j'ai encore trois heures de cours. **Après les cours** je vais au café avec mes copains.
Then I have another three hours of lessons. After school I go to the café with my mates.
On prend un coca ou une glace.
We have a cola or an ice cream.
D'habitude je rentre à cinq **heures** et demie. C'est fatigant. Je me repose un peu.
I usually get home at 5.30pm. It's tiring. I have a bit of a rest.

Le soir (et le week-end)

Souvent je fais mes devoirs avant le dîner.
I often do my homework before the evening meal.

Mes parents rentrent à six heures et on prend le dîner à sept heures.
My parents come home at 6pm and we eat at 7pm.

Quelquefois je fais la cuisine. Normalement je fais la vaisselle aussi.
Sometimes I do the cooking. I usually wash up, too.

Je sors **rarement** le soir. Je lis, j'écoute mes CD ou je regarde la télé. Je me couche à dix heures.
I hardly ever go out in the evening. I read, listen to CDs or watch TV. I go to bed at 10pm.

Le week-end je me repose ou je vais en ville avec mes copains.
At the weekend I relax or I go into town with my mates.

DAILY ROUTINE 2 — Everyday life

QUICK TEST

Say/write it in **English**:
1. Je me lève à huit heures.
2. Tu te couches à quelle heure?
3. Il fait la cuisine.
4. Tu prends le bus ou le train?

Say/write it in **French**:
5. First, I wake up early.
6. Do you make your bed?
7. I have cereals for breakfast.
8. I hardly ever do the ironing.
9. Seven hours of lessons? I think that's tiring!
10. I often listen to CDs in the evening or I go to bed early.

School and money 1

School subjects

le dessin

le théâtre/l'art dramatique

le français

l'allemand

l'anglais

l'espagnol

les maths

les sciences

la géo (géographie)

la biologie

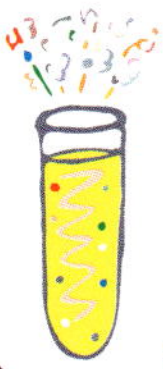

la physique

la chimie

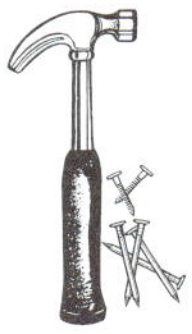

la technologie

la musique

la cuisine

l'éducation physique/l'EPS

l'instruction civique

l'éducation religieuse

l'histoire

l'informatique

School life

MASCULINE SINGULAR

le centre sportif	sports centre
le couloir	corridor
le cours (lesson)	lessons = les cours
le gymnase	sports hall
le labo(ratoire) de sciences/de langues	the science/language lab
le tableau (noir/blanc)	the blackboard/whiteboard
le terrain de sports	sports ground, playing field
le trajet	
le voyage	journey

l'emploi du temps	timetable
l'examen	exam
l'uniforme scolaire	school uniform

MASCULINE AND FEMININE

l'élève	pupil
le/la prof (professeur)	teacher
le directeur/la directrice	headteacher

FEMININE SINGULAR

la bibliothèque	library
la cour	playground, courtyard
la grande salle	school hall
la journée (scolaire)	the (school) day
la pause déjeuner	lunch break
la récré (récréation)	break-time
la salle de classe	classroom
la salle des professeurs	staffroom

l'épreuve	test

MASCULINE PLURAL

les devoirs	homework

FEMININE PLURAL

les études	studies

Money and part-time jobs

KEY EXPRESSIONS
Je distribue des journaux I deliver newspapers
Je travaille chez (W. H. Smith) I work at (W. H. Smith)
Je travaille dans un(e) supermarché (boulangerie) I work in a supermarket/baker's
Je reçois/Je gagne ... livres ... I get/I earn ... pounds
... par jour/semaine/mois ... per day/week/month
J'achète/Je fais des économies pour ... I buy/I am saving up for ...
des CD (CDs), des jeux électroniques computer games, une chaîne hi-fi a hi-fi, un ordinateur a computer, les vacances holidays, aller au cinéma going to the cinema

KEY NOUNS
l'argent money
l'argent de poche pocket money
le boulot job – slang word
le café café
le magasin (de vêtements) (clothes) shop
le petit emploi part-time job
le restaurant restaurant
le salon de coiffure hairdressing salon
le supermarché supermarket
le tabac newsagents

Adjectives

LES MATIÈRES
amusant(e) fun, enjoyable
intéressant(e) interesting
ennuyeux (ennuyeuse) boring
facile easy
difficile difficult
pénible a pain
je suis ... I am ...
fort(e) en good/strong at
faible en bad/weak at
nul (nulle) en useless/rubbish at

LES PROFS
sympa/sympathique nice
sévère strict
génial(e) great, fantastic
drôle } a laugh, funny
rigolo }
gentil (gentille) kind
fou (folle) mad, crazy
sérieux (sérieuse) serious

 Try to use these 'qualifiers' with your adjectives, to make what you say/write more interesting and earn more marks!
- *très (very)*
- *pas très (not very)*
- *un peu (a bit)*

The negative

- To make sentences negative, put **ne** in front of the verb and **pas** after the verb.

- If the verb starts with 'h' or a vowel, shorten **ne** to **n'**
- Other negative expressions which work in the same way:

  ne rien nothing, not anything
  ne personne nobody, no one
  ne jamais never, not ever
  ne plus no more, no longer

- If the verb is **reflexive** (see page 16) 'ne' goes **two steps** before the verb, in front of the reflexive pronoun:
  Je **ne me** lève **pas** tôt   I don't get up early

- To make 'c'est' (it is/it's) negative:
  Ce **n'est pas** facile   It's not easy

- To make 'il y a' there is/there are negative:
  Il **n'**y a **pas de** gymnase   There isn't a sports hall

SCHOOL AND MONEY 1 — Everyday life

School and money 2

Mon collège

Décris ton collège.
Describe your school.
Je vais dans un grand collège de huit cents élèves environ.
I go to a big school with around 800 pupils.
Il est **assez moderne**, mais **un peu laid**.
It's quite modern, but a bit ugly.
Il y a un gymnase et un théâtre, mais **il n'y a pas de piscine**.
There's a sports hall and a theatre, but there's no swimming pool.
J'aime bien mon collège, parce que j'y vois tous mes amis, mais **on a trop de devoirs**!
I quite like my school, because I see all my friends there, but we get too much homework!

Les matières et les profs

Parle-moi de tes matières et de tes professeurs.
Tell me about your subjects and your teachers.
Je fais neuf matières, donc, j'ai un emploi du temps assez chargé.
I do nine subjects, so I've got quite a heavy timetable.
Je fais anglais, maths … I do English, maths …

Quelle est ta matière préférée?
What's your favourite subject?
Je préfère l'histoire, **parce que le (la) prof est génial(e)**.
I prefer history, because the teacher's great.
Je suis fort(e) en anglais, aussi,
I'm good at English, too,
… mais je n'aime pas la géo – **c'est ennuyeux** –
… but I don't like geography – it's boring –
et **je suis nul (nulle) en physique.**
and I'm useless at physics.
Le (la) prof d'histoire est **un peu sévère**…
The history teacher's a bit strict…
… mais **en général**, les profs sont sympa.
… but on the whole, the teachers are nice.

Gagner de l'argent

Reçois-tu de l'argent de poche?
Do you get any pocket money?

As-tu un petit travail?
Do you have a part-time job?

Non, je ne reçois rien.
No, I don't get anything.

Non, je ne travaille pas.
No, I don't work.

Oui, **je reçois cinq livres par semaine**.
Yes, I get £5 a week.

Oui. **Je travaille tous les samedis** dans un supermarché.
Yes, I work in a supermarket every Saturday.

Qu'est-ce que tu fais de ton argent?
What do you do with your money?

Qu'est-ce que tu dois faire comme travail?
What sort of work do you have to do?

C'est bien payé?
Is it well paid?

Je range les rayons.
I fill the shelves.

J'achète des CD et je vais à des matchs de foot.
I buy CDs and go to football matches.

Pas mal. Je reçois 30 livres par jour.
Not bad. I get £30 a day.

Ça te plaît?
Do you enjoy it?

Tu fais des économies, aussi?
Do you save any money, as well?

Oui, je fais des économies pour des vacances, en Espagne.
Yes, I'm saving for a holiday in Spain.

C'est un peu fatigant, mais les gens sont sympa.
It's a bit tiring, but the people are nice.

Non, je dépense tout!
No, I spend it all!

SCHOOL AND MONEY 2

Everyday life

QUICK TEST

Say/write it in **English**:
1. Décris ton collège.
2. C'est un collège de mille élèves environ.
3. Le premier cours commence à neuf heures et quart.
4. Je suis assez faible en allemand.

Say/write it in **French**:
5. What's your school like?
6. My favourite subjects are French and maths.
7. Do you have a part-time job?
8. I work in a clothes shop.
9. It's boring.
10. I get £20 a week.
11. I'm saving for a computer.

Descriptions 1

Possessive adjectives

- 'My', 'your', 'their', etc. must **agree** with the noun they refer to:

	MASCULINE	FEMININE	PLURAL
my	mon frère	ma sœur	mes parents
your	ton frère	ta sœur	tes parents
his/her	son frère	sa sœur	ses parents
our	notre frère	notre sœur	nos parents
your	votre frère	votre sœur	vos parents
their	leur frère	leur sœur	leurs parents

Adjective agreement

Add the right ending to adjectives, to make them **agree** with the noun they describe.
- Add nothing ☐ for masculine singular.   ⇨   mon petit frère
- Add `e` for feminine singular.   ⇨   ma petit**e** sœur
- Add `s` for masculine plural.   ⇨   mes petit**s** frères
- Add `es` for feminine plural.   ⇨   mes petit**es** sœurs

💡 'Hair' is masculine plural in French, so you must add an 's' to adjectives that describe it. But 'gris' (grey) already ends in 's', so don't add another one: 'marron' (brown) never changes – don't add anything.

WHAT IF THE ADJECTIVE ALREADY ENDS IN 'E'?
- **Don't** add another e in the feminine singular and plural, e.g. 'jeune' (young):
  un jeune homme   une jeune femme   deux jeunes hommes   deux jeunes femmes
- **But** if the adjective ends in é, you **do** add another e in the feminine singular and plural, e.g. 'fatigué' (tired – masculine singular):
  fatigu**é**e (feminine singular)
  fatigu**és** (masculine plural)
  fatigu**ées** (feminine plural)

FOUR OTHER PATTERNS OF ADJECTIVE AGREEMENT

ADJECTIVE	MASCULINE SINGULAR	FEMININE SINGULAR	MASCULINE PLURAL	FEMININE PLURAL
...ends in 'l' or 'n'	gentil (kind), bon (good)	genti**lle**, bon**ne**	genti**ls**, bon**s**	genti**lles**, bon**nes**
...ends in 'er'	cher (dear, expensive)	ch**ère**	che**rs**	ch**ères**
...ends in 'f'	sportif (sporty)	sport**ive**	sport**ifs**	sport**ives**
...ends in 'eux'	ennuyeux (boring)	ennu**yeuse**	ennu**yeux**	ennu**yeuses**

Irregulars and position of adjectives

Here are five important adjectives, which follow a pattern of their own!

MASCULINE SINGULAR	FEMININE SINGULAR	MASCULINE PLURAL	FEMININE PLURAL
vieux old	vieille	vieux	vieilles
beau good-looking	belle	beaux	belles
nouveau new	nouvelle	nouveaux	nouvelles
long long	longue	longs	longues
blanc white	blanche	blancs	blanches

DESCRIPTIONS

les yeux bleus blue eyes
les yeux verts green eyes
les yeux marron brown eyes
les yeux gris grey eyes
les cheveux mi-longs, raides et gris medium-length, straight and grey hair
les cheveux courts et noirs short, black hair
Il a une barbe He has a beard
les cheveux blonds et frisés curly, blond hair
les cheveux longs, gris et bouclés long, wavy, grey hair
les cheveux roux red hair
Elle porte des lunettes She wears glasses

- Most French adjectives go **after** the noun they describe (not like English!), e.g. mon frère aîné (my older brother), une fille paresseuse (a lazy girl)
- However, **some** important adjectives go **in front of** the noun, so you need to learn which! Here are the main ones (try learning them in pairs):

Petit (small, short)/grand (big, tall) ut

Bon (good)/mauvais (bad) efore

Nouveau (new)/vieux (old) oun

Gros (fat)/beau (good-looking) ood

Joli(e) (pretty)/jeune (young) ob

QUICK TEST

Say/write it in **English**:
1. Sa barbe est blonde.
2. Ma sœur est paresseuse.
3. Il a les cheveux raides et roux.
4. Vous êtes très gentil.
5. Leur frère est sportif.

Say/write it in **French**:
6. I'm tired.
7. Our parents are old.
8. I've got brown eyes.
9. They live in a small house.
10. My sister has medium-length, wavy hair.

DESCRIPTIONS 1 — Everyday life

Descriptions 2

Les métiers (see also page 81)

agent de police	policeman/woman	hôtesse de l'air	air hostess
caissier (ère)	cashier	instituteur (trice)	primary school teacher
camionneur (euse)	lorry driver		
chauffeur (euse) de taxi	taxi driver	maçon(ne)	builder
chef de cuisine	chef	mécanicien(ne)	mechanic
conducteur (trice) d'autobus	bus driver	technicien(ne)	technician
directeur (trice)	manager, director	au chômage / chômeur (chômeuse)	unemployed
fermier (ère)	farmer		

Ta famille

Tu peux me parler de ta famille?
Can you tell me about your family?
- Il y a six personnes dans ma famille: mes parents, mon frère, mes deux sœurs et moi. *There are six people in my family: my parents, my brother, my two sisters and me.*
- Mes parents sont divorcés et j'habite chez ma mère. *My parents are divorced and I live with my mother.*
- Ma sœur aînée est mariée et elle habite à Coventry. *My older sister is married and she lives in Coventry.*

- Tu t'entends bien avec les membres de ta famille? *Do you get on well with the members of your family?*
- Je m'entends bien avec ma sœur. Elle est sympa, mais un peu paresseuse. *I get on well with my sister. She's nice, but a bit lazy.*
- Mon petit frère n'est pas très sage. Je ne m'entends pas très bien avec lui. *My little brother's not very well-behaved. I don't get on very well with him.*

Ils sont comment?

Ils sont comment, tes parents et qu'est-ce qu'ils font? *What are your parents like and what do they do?)*
Mon père vient de Hong-Kong, mais ma mère est écossaise. *My father comes from Hong Kong, but my mother is Scottish.*
Elle est grande et mince, avec les yeux marron. *She is tall and slim, with brown eyes.*
Elle a les cheveux blonds, mi-longs et raides. *She has blonde, medium-length, straight hair.*

Mon père est de taille moyenne. *My father is average height.*
Il est un peu chauve, mais il a une barbe! *He's a bit bald, but he's got a beard!*
Il porte des lunettes. *He wears glasses.*
Ma mère est infirmière et mon père est employé de bureau. *My mother's a nurse and my father's an office worker.*

You don't need a word for 'a' or 'an' when you're saying what job someone does.

Les adjectifs (see also page 21)

agréable	pleasant, nice	(im)poli(e)	(im)polite	sage	well-behaved
aimable	friendly	intelligent(e)	clever, intelligent	sportif (ve)	sporty
bavard(e)	talkative			timide	shy
bête	silly	marié(e)	married	travailleur (euse)	hard-working
bruyant(e)	noisy	méchant(e)	naughty		
casse-pieds	a pain	mignon(ne)	sweet	(frère/sœur) aîné(e)	older (brother/sister)
célibataire	single	mort(e)	dead		
divorcé(e)	divorced	paresseux (euse)	lazy	(frère/sœur) cadet(te)	younger (brother/sister)
égoïste	selfish	plein(e) de vie/vivant(e)	lively		
idiot(e)	stupid				

Les nationalités

allemand(e)	German	indien(ne)	Indian
américain(e)	American	irlandais(e)	Irish
australien(ne)	Australian	italien(ne)	Italian
belge	Belgian	pakistanais(e)	Pakistani
britannique	British	suisse	Swiss
canadien(ne)	Canadian	vietnamien(ne)	Vietnamese
chinois(e)	Chinese		
écossais(e)	Scottish	**Note**	
espagnol(e)	Spanish	venir de = to come from	
européen(ne)	European	Ma mère vient de la Nouvelle Zélande	
gallois(e)	Welsh	My mother comes from New Zealand	
grec (grecque)	Greek		

QUICK TEST

Say/write it in **English**:
1. Ma mère est jolie et de taille moyenne.
2. Ton père a les cheveux marron, frisés et assez courts.
3. Sa sœur cadette est bavarde, mais travailleuse.
4. Leur frère aîné est au chômage.

Say/write it in **French**:
5. My brother is married.
6. I get on well with him.
7. Her father is a doctor.
8. Our mother is American.
9. Do you get on well with your parents?
10. My sister is a hairdresser.

Practice questions

Use the questions to test your progress. Check your answers on page 94.

Speaking

Role play 1
You are talking to your French friend about school.
- Say how you get to school. (1 mark)
- Say what your favourite subject is. (1 mark)
- Say why. (1 mark)
- Ask a question about school. (1 mark)

(4 marks)

Role play 2
You are talking to your French friend about your weekday routine.
- Say at what time you get up. (1 mark)
- Say what you have for breakfast. (1 mark)
- Say what you do in the evening. (1 mark)
- Ask your friend what he/she does at the weekend. (1 mark)

(4 marks)

General conversation
1. Tu as un animal à la maison? (1 mark)
2. Parle-moi de ta famille. (1 mark)
3. Tu t'entends bien avec ta famille? (1 mark)
4. Fais-moi la description de ta mère/ton père. (Choose one) (1 mark)
5. Où habites-tu? (1 mark)
6. Elle est comment, ta maison?/Il est comment, ton appartement? (Choose one) (1 mark)
7. Parle-moi de ta vie quotidienne. (1 mark)
8. Qu'est-ce que tu fais pour aider à la maison, le soir? (1 mark)
9. Reçois-tu de l'argent de poche? (1 mark)
10. As-tu un petit travail? (1 mark)
11. Qu'est-ce que tu fais de ton argent? (1 mark)
12. C'est quand, ton anniversaire? (1 mark)

(12 marks)

Writing

1. Your French friend is doing a survey on what young people would like in their ideal bedroom. Complete the list in French, giving four more items.

Exemple	lit
1	
2	
3	
4	

(4 marks)

2. You have received a letter from your French friend, Sylvie. She wants to know about the school subjects you do, what your school and teachers are like and about your school day.

Ecrivez une lettre en français. Répondez à ces questions.
- Quelles matières faites-vous? (2 marks)
- Quelle matière n'aimez-vous pas? (2 marks)
- Pourquoi? (2 marks)
- Il est comment, votre collège? (2 marks)
- Comment trouvez-vous les professeurs? (2 marks)
- Vous avez combien de cours par jour? (2 marks)
- Quand faites-vous vos devoirs? (2 marks)
- Posez-lui une question sur sa journée scolaire. (2 marks)

(16 marks)

Reading

You and your family are looking at the property section of a French newspaper. They ask you to help them understand these pieces of information about houses and flats for sale.

Deux salles de bains	1. What does this house have two of? (1 mark)
Appartement, rez-de-chaussée	2. Which floor is this flat on? (1 mark)
Vieille maison, huit pièces, cave	3. Give two pieces of information about this house. (2 marks)
Situé dans le sud-ouest de la ville	4. Whereabouts in the town is this flat? (1 mark)

(5 marks)

Regardez ces métiers et professions.
A. camionneur
B. maçon
C. hôtesse de l'air
D. conducteur d'autobus
E. mécanicien
F. agent de police
G. dactylo
H. caissière

Ecrivez la lettre du métier ou de la profession qui correspond à chaque illustration.
Exemple: 1 F

1    2   3    4

5     6    7    8

(7 marks)

6. **Lisez le texte.**

Je m'appelle Michel et j'ai dix-sept [1_____]. Il y a [2_____] personnes dans ma famille. Mes parents sont divorcés et j'habite chez [3_____] mère. Mon père est britannique, mais elle est [4_____]. J'ai une [5_____] soeur et deux frères [6_____]. Je partage une [7_____] avec un de mes frères. Il est sympa et il [8_____] au collège avec moi. Nous [9_____] un chien, aussi – il s'appelle Toto.

Ecrivez la lettre du mot qui correspond à chaque numéro.
Exemple: 1 C
A. aînés
B. anglais
C. ans
D. avons
E. canadienne
F. chambre
G. cinq
H. ma
I. mon
J. petite
K. va

(8 marks)

How well did you do? 1–20 Try again   21–35 Getting there   36–49 Good work   50–60 Excellent!

Getting about 1

Definite and indefinite articles

To give more definite information, you need to use the **definite article** (le/l'/la/les):

le cinéma	the cinema
la piscine	the swimming pool
les cafés	the cafés
l'hôpital	the hospital
l'église	the church
les magasins	the shops

You hardly ever use nouns (e.g. cinema, hospital, swimming pool) on their own. Usually, you provide more information, including an **indefinite article** (un/une/des):

un cinéma	a cinema
un hôpital	a hospital
une piscine	a swimming pool
une église	a church
des cafés	some cafés
des magasins	some shops

 Whenever you learn a new noun, make sure you learn its article, too, e.g. not 'stade' (stadium) but 'un stade' or 'le stade'.

Prepositions

These tell you where things/people are or when something happens:

At (in, to, at) = à, au, à l', à la, aux

à Paris	in Paris
à midi	at midday
au marché	at/to the market
à la gare	at/to the station
à l'hôtel de ville	at/to the town hall
aux magasins	at/to the shops

In = dans

dans la rue	in the street
dans dix minutes	in 10 minutes' time

In, within = en

en France	in France
en Bretagne	in Brittany
en français	in French
en une heure	within an hour

On = sur

sur la route de Paris	on the Paris road

In front of, outside = devant

devant la poste	in front of the post office

Behind = derrière

derrière le zoo	behind the zoo

Of, from = de

Although 'de' is a preposition in its own right, it also comes at the end of four very useful, longer prepositions:

en face de l'hôtel	opposite the hotel
en face du cinéma	opposite the cinema
à côté du château	next to the castle
à côté de la banque	next to the bank
près de la cathédrale	near the cathedral
près du camping	near the campsite
loin de l'hôpital	a long way away from the hospital
loin des magasins	a long way away from the shops

In town

GETTING THERE

en	(auto)bus	by bus
	taxi	by taxi
	train	by train
	car	by coach
à	pied	on foot
	vélo	by bike
	cheval	on horseback

PLACES IN TOWN

En ville il y a... :   In town there is/are... :

le centre commercial	the shopping centre
le château	the castle
le musée	the museum
le parc d'attractions	the fair, theme park
le stade	the sports ground
le zoo	the zoo
des cafés	(some) cafés
des restaurants	(some) restaurants
la cathédrale	the cathedral
la patinoire	the ice rink
la rivière	the river
des banques	(some) banks
des boîtes	(some) discos

Holidays: home and abroad

Tu pars/Vous partez en vacances?
  Are you going on holiday?

Je vais …	I'm going …
à la campagne	to the countryside
à la mer	to the seaside
à la montagne	to the mountains
en Bretagne	in/to Brittany
en Normandie	in/to Normandy
en Provence	in/to Provence
dans le Massif Central	in/to the Massif Central
dans les Alpes	in/to the Alps
en Italie	in/to Italy
en Grèce	in/to Greece
au Danemark	in/to Denmark
aux Etats-Unis	in/to the USA

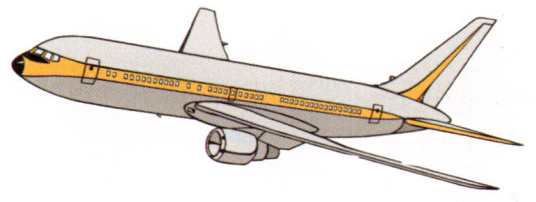

il y a …	there is/are …
la plage	the beach
la culture	(the) culture
les visites guidées	(the) guided tours
les hôtels de luxe	(the) luxury hotels

GETTING ABOUT 1 Leisure and travel

Getting about 2

En route en ville

Comment vas-tu **en ville**? En bus?
How do you get to town? By bus?

1 Oui, **normalement** je prends le bus.
Yes, I usually catch the bus.
Mais de temps en temps j'y vais à pied ou à vélo.
But occasionally I walk there or go by bike.

2 **Si** je prends le bus, ça me prend cinq minutes.
If I catch the bus, it takes five minutes.
A pied ça prend un quart d'heure.
It takes a quarter of an hour on foot.

Qu'est-ce qu'il y a en ville?
What is there in town?

3 **D'abord**, il y a le château près du jardin public.
First, there's the castle near the park.
Il y a **aussi** deux musées, la cathédrale et l'hôtel de ville.
There are also two museums, the cathedral and the town hall.

4 **A part ça**, il y a le centre commercial au centre-ville.
Apart from that, there's the shopping centre in the middle of town.
Puis, pas loin du centre, il y a le zoo.
Then, not far from the centre, there's the zoo.

Qu'est-ce qu'il y a pour les jeunes?
What is there for young people?

5 Pour les jeunes? **Il n'y a pas grand-chose**. Il y a les cafés, **bien sûr**, et les boîtes.
For young people? There's not much. There are the cafés, of course, and the discos.
Mais il n'y a pas de patinoire. Il n'y a pas de piscine **non plus**.
But there's no ice rink. And there's no swimming pool either.

6 C'est une petite ville assez moderne et très tranquille. Un peu trop tranquille pour moi.
It's a small, fairly modern and very quiet town. Too quiet for me.
Mais j'aime bien les espaces verts et les cinémas. **Enfin**, ce n'est **pas mal comme ville**!
But I like the parks and open spaces and the cinemas. It's not a bad town, really!

En route en vacances

Tu pars/Vous partez en vacances? Où?
You're going on holiday? Where?

Je vais ...	I'm going ...
en Bourgogne	to Burgundy
en Espagne	to Spain
Nous allons ...	We're going ...
au Maroc	to Morocco
au Luxembourg	to Luxembourg
dans les Pyrénées	to the Pyrenees

Qu'est-ce qu'il y a là-bas?
What is there there (for you to do)?

Il y a ...	There is/are ...
le ski	skiing
le soleil et les plages	the sun and the beaches
les promenades à cheval	trekking on horseback
les boîtes, les cafés et les restaurants	the discos, the cafes and the restaurants
C'est cool	It's cool

Quand?	When?
en avril/août/décembre	in April/August/December
Avec qui et comment?	Who with and how are you getting there?
Avec ...	With ...
mes parents	my parents
mes copains	my mates
mon frère	my brother
ma sœur	my sister
Nous prenons ...	We're taking ...
l'avion	the plane
le train	the train
le bateau	the boat
Nous partons en croisière	We're going on a cruise

QUICK TEST

Say/write it in **English**:
1. Devant la piscine.
2. En face du théâtre.
3. A côté de la poste et près du marché.
4. Nous partons en vacances en juin.

Say/write it in **French**:
5. Behind the museum.
6. It's next to the castle.
7. What is there in Paris?
8. Are you going to the Alps or the Pyrenees?
9. There's not much for young people.
10. I'm going to Canada with my parents in April.

GETTING ABOUT 2 — Leisure and travel

Leisure, hobbies and sports 1

Infinitives

- **Infinitives** are the key to all verbs.
- They are the starting point for all tenses.
- In English they translate as 'to…',
e.g. aller = to go, faire = to do
- They fit into three groups:

-er: jouer = to play
-re: faire = to do
-ir: sortir = to go out

What if I want to say what I **like to do**?
aimer – to like
- Just use the present tense of this verb with any infinitive:

j'aime	I like	+ regarder la télé
		to watch TV
tu aimes	you like	
il/elle aime	he/she likes	faire du vélo
		to go cycling
on aime	we like	
nous aimons	we like	courir to run
vous aimez	you like	
ils/elles aiment	they like	

Free time

AT HOME

j'aime	I like	écouter mes CD	to listen to my CDs
je n'aime pas	I don't like	regarder la télé	to watch TV
je peux	I can/am able	finir mes devoirs	to finish my homework
je ne peux pas	I can't/am unable	envoyer des e-mails	to send e-mails
je veux	I want	jouer avec l'ordinateur	to play on the computer
je ne veux pas	I don't want	jouer du piano	to play the piano
je vais	I'm going	jouer de la guitare	to play the guitar
je ne vais pas	I'm not going	écrire	to write

GOING OUT

j'aime	I like	aller au cinéma	to go to the cinema
		aller aux concerts	to go to concerts
je peux	I can/am able	danser	to dance
je veux	I want	chanter	to sing
je vais	I'm going	sortir avec mes copains	to go out with my mates

DEPENDS ON THE WEATHER

s'il fait …	if it's …	s'il pleut	if it's raining
		s'il neige	if it's snowing
beau	fine		
chaud	hot		
froid	cold		
du vent	windy		

Sports

INDOORS

jouer ...	to play ...
au badminton	badminton
au ping-pong	table tennis
au squash	squash

faire ...	to do ...
de la gymnastique	gymnastics

OUTSIDE

jouer ...	to play ...
au football	football
au rugby	rugby
au hockey	hockey
au tennis	tennis

faire ...	to do/go ...
de l'athlétisme	athletics
du cyclisme	cycling
du cheval	horseriding
de l'alpinisme	climbing
du ski	skiing

IN/ON/NEAR WATER

faire ...	to do/go ...
de la natation	swimming
de la voile	sailing
de la planche à voile	windsurfing
du ski nautique	waterskiing

aller à la pêche	to go fishing

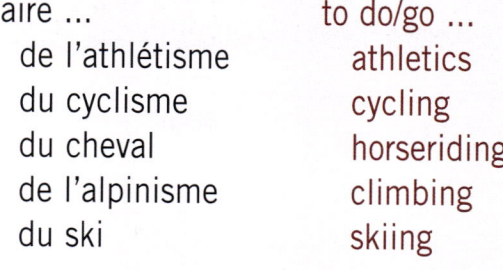

 Remember – if you talk about playing a musical instrument, you use 'jouer du/de la ...'. For sports generally, it's 'jouer au/à la ...'

Modal verbs

- When you talk about things you want to do, can/are able to do and must/have to do (see page 62), you are using modal verbs.

- These are almost always followed by an infinitive:

vouloir — **to want (to)**
je veux
tu veux
il/elle veut
on veut
nous voulons
vous voulez
ils/elles veulent

pouvoir — **to be able (to)**
je peux
tu peux
il/elle peut
on peut
nous pouvons
vous pouvez
ils/elles peuvent

Tu veux nager?	Do you want to swim?
Il veut lire.	He wants to read.
Je peux dormir?	Can I sleep?

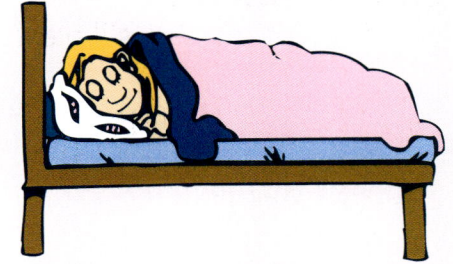

LEISURE, HOBBIES AND SPORTS 1 — Leisure and travel

Leisure, hobbies and sports 2

Mes loisirs

Qu'est-ce que tu as **comme loisirs**?
What do you do in your free time?

Ça dépend. S'il fait beau, je sors **avec mes copains** et on fait du sport.
That depends. If the weather's fine I go out and do some sport with my mates.

S'il pleut, je préfère rester à la maison.
If it's raining, I prefer to stay at home.

Quoi?! Tu es sportif? Qu'est-ce que tu fais comme sports?
What?! You like sport? What sports do you do?

J'en fais beaucoup: je joue au badminton et au tennis …
I do lots: I play badminton and tennis …

… et en été j'aime faire de la planche à voile.
… and in the summer I like to go windsurfing.

Et **à part ça**, que fais-tu à la maison?
What do you do apart from that when you're at home?

Bof, je me repose, j'écoute mes CD et j'envoie des e-mails à mes copains en France.
Well, I relax, listen to my CDs and send e-mails to my mates in France.

Et après les cours?

Tu veux sortir **ce soir**? On peut aller au concert.
- Do you want to go out tonight? We can go to the concert.

Il y a un concert ce soir. **A quelle heure**?
- There's a concert tonight. At what time?

A sept heures. On peut se retrouver devant le stade.
- At seven o'clock. We can meet outside the stadium.

A sept heures! Je veux bien, mais je ne peux pas sortir à sept heures.
- At seven! I'd like to, but I can't go out at seven.

J'ai **trop de devoirs**.
- I've got too much homework.

Ah bon? Et ce week-end? Tu peux sortir?
- Oh? What about this weekend? Can you come out?

Je peux t'appeler vendredi?
- Can I call you on Friday?

Et ce week-end?

Qu'est-ce qu'on va faire ce week-end?
What are we going to do this weekend?

Alors, moi, **d'abord**, je vais faire du shopping.
Well, first of all, I'm going shopping.

Tu ne vas pas voir le match de foot?
Aren't you going to (see) the football match?

Et samedi soir? On va aller au cinéma?
What about Saturday evening? Are we going to the cinema?

Je ne sais pas. Mes parents vont sortir, alors je vais rester avec mon frère.
I don't know. My parents are going (to go) out, so I'm going to stay with my brother.

Puis dimanche je vais finir mes devoirs.
Then on Sunday I'm going to finish my homework.

Tes devoirs **encore**?! Quel week-end!
Homework again?! What a weekend!

Je vais visiter Futuroscope. Tu ne veux pas venir?
I'm going to visit Futuroscope. Don't you want to come along?

You'll gain extra credit if you prove you can use the infinitive to form the future, e.g. Je vais aller en ville (I'm going to go into town).

QUICK TEST

Say/write it in **English**:
1. Je vais sortir.
2. Tu aimes lire?
3. On peut danser.
4. Qui va chanter?

Say/write it in **French**:
5. If it's cold.
6. What sports do you do?
7. Are you going to do your homework?
8. Can we play the piano?
9. If it's windy he can't go out.
10. She wants to go climbing.

Where did you go...

'Etre' verbs, perfect tense

If you want to talk about what you and/or other people **have done** or **have been doing**, you'll need to use the perfect tense.

- There are two parts to a verb in the perfect tense: the auxiliary verb and the past participle.

AUXILIARY VERB
For a small number of verbs of coming and going, use the present tense of '**être**' (to be), to say 'I have ..., you have ...', etc. This is called the **auxiliary**.

je suis allé(e)	I have gone/went	nous sommes allé(e)s	we have gone/went
tu es allé(e)	you have gone/went	vous êtes allé(e)(s)	you have gone/went
il est allé	he has gone/went	ils sont allés	they have gone/went
elle est allée	she has gone/went	elles sont allées	they have gone/went
on est allé (e)(s)	we have gone/went		

PAST PARTICIPLE
Past participles are easy to form – just take off the infinitive ending and replace it like this:

-er verbs = -é e.g. aller → allé → je suis allé(e) I went/have gone
-ir verbs = -i e.g. sortir → sorti → je suis sorti(e) I left/went out
-re verbs = -u e.g. descendre → descendu → je suis descendu(e) I went down

> ■ To memorise this group of verbs, either learn them in pairs (aller + venir = go + come; entrer + sortir = enter + leave, etc.) or try this sentence to remind you of the first letter of each of the 12 key verbs:
>
> '<u>R</u>ester' <u>A</u>part, <u>N</u>early <u>A</u>ll <u>P</u>erfect <u>T</u>ense <u>E</u>tre <u>V</u>erbs <u>D</u>escribe <u>S</u>ome <u>M</u>ovement, <u>M</u>otion.
>
> ■ Look them up on your list of 'être' verbs and learn them:
>
> <u>R</u>ester <u>A</u>ller <u>N</u>aître <u>A</u>rriver <u>P</u>artir <u>T</u>omber <u>E</u>ntrer <u>V</u>enir <u>D</u>escendre <u>S</u>otir <u>M</u>onter <u>M</u>ourir

When and where?

WHEN?
Use time markers to pave the way:

samedi/dimanche (dernier)	(last) Saturday/Sunday
vendredi après-midi	(on) Friday afternoon
hier soir	yesterday evening
après les cours	after school/lessons
à huit heures	at 8 o'clock
d'abord ... puis	first ... then
ensuite	afterwards
enfin	finally, at last

WHERE?
To talk about where you went:

Je suis/Tu es ...	I, You ...
sorti(e) avec mes copains	went out with my mates
allé(e) en ville/au cinéma	went into town/to the cinema
parti(e) à midi	set off at midday

AT HOME

Je suis/Tu es ...	I, You ...
resté(e) à la maison	stayed at home
rentré(e) à cinq heures	got home at 5 o'clock
monté(e) dans ma chambre	went up to my room
me suis couché(e) à dix heures	went to bed at 10 o'clock

...and what did you do? 1

'Avoir' verbs, perfect tense

AUXILIARY VERB
All verbs, apart from the small 'être' group, use the present tense of 'avoir' (to have), to say 'I have ... , you have ...', etc. This is called the **auxiliary**.

j'ai joué	I (have) played/have been playing
tu as joué	you (have) played/been playing
il a joué	he (has) played/been playing
elle a joué	she (has) played/been playing
on a joué	we (have) played/been playing
nous avons joué	we (have) played/been playing
vous avez joué	you (have) played/been playing
ils ont joué	they (have) played/been playing
elles ont joué	they (have) played/been playing

PAST PARTICIPLE
Form them in exactly the same way as you do for 'être' verbs:

-er verbs = -é e.g. jouer ➜ joué ➜ j'ai joué I (have) played
-ir verbs = -i e.g. finir ➜ fini ➜ j'ai fini I (have) finished
-re verbs = -u e.g. attendre ➜ attendu ➜ j'ai attendu I (have) waited

The big bonus with 'avoir' verbs: you don't change the past participle, even if the person/subject is feminine or plural: elle a joué = she has played   ils ont joué = they have played

Home, sports, holidays

Tell your partner what you did by miming these:

HOME
J'ai/Tu as ..., etc.
regardé la télé
écouté mes CD
joué avec l'ordinateur
joué de la guitare
lu des magazines
écrit des e-mails
fini mes devoirs

SPORTS
J'ai/Tu as ..., etc.
joué au football
fait de la gymnastique
fait du cheval

HOLIDAYS
J'ai/Nous avons ..., etc.
passé quinze jours au Maroc
pris l'avion/le train
visité Paris
fait de la plongée
dansé

All together now!

Samedi dernier j'ai fait la grasse matinée.
Last Saturday I had a lie-in.
Je me suis levé à 10h30 et j'ai pris le petit déjeuner avec ma sœur.
I got up at 10.30 and had breakfast with my sister.
Puis nous sommes allés en ville avec les copains.
Then we went into town with our friends.
Nous avons fait du shopping. Ensuite nous sommes rentrés.
We did some shopping. Afterwards we went home
Samedi soir je suis resté à la maison.
On Saturday evening I stayed at home.
J'ai regardé la télé et j'ai envoyé des e-mails.
I watched TV and I sent some e-mails.
Et toi, qu'est-ce que tu as fait?
And what did you do?

Where did you go ...

Hier soir

Talking about what you did at home/after school.

Qu'est-ce que tu as fait **hier soir**?
What did you do yesterday evening?

Je suis rentré à 17h30 et j'ai fait mes devoirs **tout de suite**.
I got home at 5.30 and did my homework straight away.

Tu es sorti ou tu es resté à la maison?
Did you go out or stay at home?

J'ai passé **toute la soirée** à la maison.
I spent all evening at home.

Ah bon? Tu n'as pas travaillé tout le temps?
Oh really? You didn't work all the time?

Non. D'abord j'ai regardé la télé avec mes parents. Puis je suis monté dans ma chambre …
No. First I watched TV with my parents. Then I went up to my room …

… **où** j'ai lu un peu et j'ai joué avec l'ordinateur.
… where I read a bit and played on the computer.

Tu t'es couché tard?
Did you go to bed late?

Non. Je me suis couché à 22h30.
No. I went to bed at 10.30pm.

Mon week-end

Talking about what you did at the weekend.

Raconte-moi ton week-end, Amélie.
Tell me all about your weekend, Amélie.

D'accord. Samedi matin je me suis levée **tôt** …
OK. On Saturday morning I got up early …

… et je suis allée en ville avec ma copine, Aline.
… and I went into town with my mate/friend, Aline.

Nous sommes allées chercher des vêtements neufs pour le concert samedi soir.
We went to get some new clothes for the concert on Saturday evening.

Puis nous avons rencontré les copains **au centre-ville** …
Then we met our mates in the town centre …

… et nous sommes descendus à la rivière.
… and we went down to the river.

A huit heures nous nous sommes retrouvées, Aline et moi, devant le stade.
At 8 o'clock Aline and I met up outside the stadium.

Le concert a duré trois heures. **C'était extra!** Nous sommes rentrées à minuit.
The concert lasted three hours. It was great! We got home at midnight.

Et dimanche? Je suis restée au lit, **bien sûr!**
And on Sunday? I stayed in bed, of course!

...and what did you do? 2

Mes vacances

Talking about where you went and what you did on holiday.

Vous êtes/Tu es parti en vacances cette année?
Did you go on holiday this year?

Où? Quand? Avec qui? Comment? Raconte(z)-moi tout!
Where? When? Who with? How? Tell me everything!

J'ai fait du camping **au mois de juillet** en Provence avec mes copains.
I went camping in July in Provence with my mates.

On est partis en stop, mais sans succès, **alors** on a pris le train.
We set off hitchhiking, but that didn't work, so we took the train.

Puis on a passé quinze jours dans un camping près de Sanary-sur-Mer.
Then we spent a fortnight on a campsite near Sanary-on-Sea.

Il a fait très chaud, et on est allés à la plage **tous les jours**.
The weather was very hot and we went to the beach every day.

J'ai fait de la planche à voile et du surf.
I went windsurfing and surfing.

Il y avait même une boîte au camping. **C'était pas mal**.
There was even a disco/nightclub on the campsite. It wasn't bad.

Le seul problème: j'ai pris des coups de soleil. **Tant pis**!
The only problem: I got sunburnt. Never mind!

QUICK TEST

Say/write it in **English**:
1. Dimanche dernier.
2. Pendant les vacances.
3. Je suis sorti.
4. Elle a pris l'avion.

Say/write it in **French**:
5. You went to Paris.
6. She set off at 4 o'clock.
7. What did you do at Christmas?
8. We went down to the beach.
9. They wrote an e-mail.
10. On Friday evening I went to bed early.

Leisure and travel

Practice questions

Use the questions to test your progress. Check your answers on page 94.

Speaking

Role play 1
You are talking to your French friend about your home town.
- Say you usually take the bus. (1 mark)
- Say there's a shopping centre. (1 mark)
- Say it's not a bad town really. (1 mark)
- Ask your friend what there is for young people in his/her town. (1 mark)

(4 marks)

Role play 2
You are talking to your French friend about hobbies and pastimes.
- Say you like fishing. (1 mark)
- Say you go (fishing) every weekend. (1 mark)
- Ask if (s)he can go fishing this weekend. (1 mark)
- Say you can go at 8 o'clock on Saturday morning. (1 mark)

(4 marks)

General conversation
1. Où vas-tu en vacances cet été? (1 mark)
2. Avec qui et comment? (1 mark)
3. Elle est bien, ta ville? Pourquoi (pas)? (1 mark)
4. Qu'est-ce que tu aimes faire à la maison? (1 mark)
5. Et en ville? (1 mark)
6. Quels sont tes sports préférés? (1 mark)
7. Tes copains et toi, qu'est-ce que vous allez faire ce week-end? (1 mark)
8. Où es-tu allé vendredi soir? (1 mark)
9. Tu as fait la grasse matinée samedi? Tu t'es levé à quelle heure? (1 mark)
10. Et qu'est-ce que tu as fait samedi après-midi? (1 mark)
11. Où es-tu allé en vacances à Noël? (1 mark)
12. C'était comment? (1 mark)

(12 marks)

Writing

1. You need to send an e-mail to your French friend about your plans for this weekend.

Ecrivez ces phrases en français.
- I want to go to the concert on Friday evening at the theatre in the town centre. (2 marks)
- Do you want to come with me? (2 marks)
- The concert starts at 8 o'clock in the evening. (2 marks)
- Answer quickly! (2 marks)

(8 marks)

2. You have received a letter from your French friend, Nathalie. She wants to know what you did last weekend and what you'll be doing this weekend. Answer her questions and ask her the question at the end.

Ecrivez une lettre en français. Répondez à ces questions.
- Où es-tu allé(e) ce week-end? Tu es sorti(e) avec tes copains? (2 marks)
- Quand: vendredi soir? Samedi matin? Dimanche après-midi? (2 marks)
- Qu'est-ce que vous avez fait? Vous êtes rentrés à quelle heure? (2 marks)
- C'était comment? (2 marks)
- Et ce week-end – qu'est-ce que tu vas faire? (2 marks)
- Posez-lui une question sur son week-end. (2 marks)

(12 marks)

Reading

1. **Regardez ces endroits en ville.**

   A patinoire
   B stade
   C château
   D musée
   E parc d'attractions
   F piscine
   G centre commercial

   Ecrivez la lettre de l'endroit en ville qui correspond à chaque illustration.
   Exemple: 1 B

   1   2    3    4    5

   (4 marks)

2. **Lisez le texte.**

   J'aime bien ⬚1 à Calais, parce que j'adore la mer, la ⬚2 et la campagne. Il n'y a pas grand-chose pour les ⬚3 en ville, ⬚4 les cafés et les magasins, mais on peut aller ⬚5, bronzer sur la plage et même aller en Angleterre en bateau! C'est une petite ville assez moderne. Je trouve que le ⬚6 est très intéressant, car on peut ⬚7 les ⬚8 de toutes les nationalités qui arrivent en vacances tous les jours. C'est ma ⬚9 idéale.

   Ecrivez la lettre du mot qui correspond à chaque numéro.
   Exemple: 1 D

   A port   B voir   C à la pêche   D habiter   E ville
   F plage   G touristes   H visiter   I à part   J Anglais
   K jeunes

   (8 marks)

3. **Lisez le texte.**

   Publicité: Vacances d'hiver à l'Hotel Andorre
   Les vacances d'été ne sont plus qu'une mémoire ... vous êtes fatigués et Noël s'approche déjà. Vous aimez rester à la maison pendant les Fêtes de Noël, et pourtant vous ne voulez pas passer tout le temps à faire la cuisine pour toute la famille et vous occuper des enfants, qui eux aussi sont trop fatigués. Quelle horreur! Qu'est-ce que vous allez faire? Rien de plus simple! Vous allez séjourner à l'Hôtel Andorre, où vous allez profiter du soleil, de la neige et du temps libre. Vous aimez faire des sports de neige? Vous préférez faire des excursions dans la nature en car? Les Pyrénées sont à côté, ainsi que le pays basque du sud de la France et du nord de l'Espagne. Sinon, le directeur vous propose des services de luxe: piscine chauffée, gymnase, TV satellite. S'il ne fait pas beau, ne vous inquiétez pas: demandez à Monsieur Castaignède – il va vous proposer des activités extraordinaires. Et pour le réveillon de Noël, ce n'est pas maman qui va s'en occuper. Vous allez vous régaler dans notre restaurant cinq étoiles. N'hésitez plus – réservez vos chambres avant la fin du mois à prix réduits. Bonnes vacances!

   Répondez en français aux questions.
   a) C'est quelle saison? (1 mark)
   b) Quelles vacances arrivent? (1 mark)
   c) Comment est-ce qu'on va éviter les problèmes usuels de Noël? (1 mark)
   d) Où est-ce que les clients de l'hôtel peuvent faire du ski? (1 mark)
   e) Quels sont les deux pays voisins de l'Andorre? (1 mark)
   f) Qui est Monsieur Castaignède? (1 mark)
   g) Quels sports peut-on pratiquer à l'hôtel? (2 marks)

   (8 marks)

How well did you do?   1–20 Try again   21–35 Getting there   36–49 Good work   50–60 Excellent!

Once upon a time 1

The imperfect tense

Que **faisiez-vous** quand les Martiens sont arrivés?
- What were you doing when the Martians arrived?

Nous **étions** à la maison.
- We were at home.

Je **jouais** au foot dans le jardin.
- I was playing football in the garden.

Mon frère **prenait** une douche.
- My brother was taking a shower.

Ma sœur **faisait** la cuisine.
- My sister was doing the cooking.

Mes parents **regardaient** la télé.
- My parents were watching the TV.

The perfect tense (see pages 38–39) describes what has happened, but the imperfect tense fills in information about what **was still happening** at the time:

Je **rangeais** ma chambre quand le téléphone a sonné.
I was tidying my room when the phone rang.
- It's easy to form: find the 'nous' part of the present tense (see page 8), drop 'nous' and '-ons', and add these endings:

je + ... ais	nous + ... ions
tu + ... ais	vous + ... iez
il/elle + ... ait	ils/elles + ... aient
on + ... ait	

e.g. How do you say 'I was doing ...'?
1. present tense: nous faisons
2. drop 'nous' + '-ons'
3. add 'ais': je faisais ...

> The only exception is 'être' (to be):
> j'étais (I was), tu étais (you were), il était (he was), elle était (she was), on était (we were), nous étions (we were), vous étiez (you were), ils étaient (they were), elles étaient (they were)

Accidents

j'étais en vacances I was on holiday
je descendais la rue à vélo
I was cycling down the road
nous roulions sur la A6
we were driving on the A6
nous étions en panne d'essence
we were out of petrol
mon père était au volant
my father was at the wheel
il était fatigué he was tired
je dormais I was sleeping

elle ne portait pas sa ceinture de sécurité
she wasn't wearing her seat belt
tomber en panne to break down (of a vehicle)
déraper to skid
heurter (un arbre, une voiture)
to hit/collide with (a tree, a car)
téléphoner au garage/à la police/aux sapeurs-pompiers
to telephone the garage/police/the fire brigade
blessé(e) injured
un témoin a witness
une ambulance an ambulance
transporter à l'hôpital to take to hospital

Descriptions

L'Attaque des Martiens!! (Martian Attack!!)

Ils étaient verts!	They were green!
C'était un samedi matin en juin.	It was a Saturday morning in June.
Il était onze heures et demie.	It was 11.30.
Il faisait beau et très clair.	The weather was fine and it was a very clear day.
J'étais dans le jardin …	I was in the garden …
… quand soudain une soucoupe volante a atterri.	… when suddenly a flying saucer landed.
Il y avait des petits Martiens verts partout.	There were little green Martians everywhere.
C'était affreux! J'avais peur.	It was terrible! I was frightened.

- **Use the imperfect tense** to set the scene in the past: to say what time **it was**, what the weather **was like**, how you **were feeling**, etc., just as you do in English.
- There is often a **time marker** (quand, soudain, puis, etc.) to **link** the perfect and imperfect tenses:

Je jouais quand ils sont arrivés I was playing when they arrived

- The imperfect tense also translates '**used to**', when you talk about doing the same things **again and again** in the past, e.g.:

Tous les jours pendant les vacances je me levais à six heures
Every day during the holidays I used to get up at 6 o'clock

Work experience

j'ai travaillé …	I worked …
dans une usine	in a factory
un bureau	an office
une entreprise	a company
je parlais …	I used to speak …
aux clients	to the customers
au téléphone	on the phone
je faisais des photocopies	I used to do the photocopying
je préparais le café	I used to make the coffee
j'aidais le patron	I used to help the boss
je nettoyais l'atelier	I used to clean up the workshop
j'écrivais des lettres	I used to write letters
j'organisais les fichiers	I used to organise the filing system

QUICK TEST

Say/write it in **English**:

1. Quand j'étais plus jeune j'habitais en France.
2. Mes amis n'étaient pas là.
3. Le témoin avait peur.
4. Elle roulait trop vite sur la route.
5. Tous les jours j'allais à pied au collège.

Say/write it in **French**:

6. I used to work in a supermarket.
7. I used to speak to customers on the telephone.
8. It was boring.
9. I got up at 6 o'clock every day.
10. I used to arrive home at 6pm.

Once upon a time 2

Accident de route

C'était la fin des vacances … **malheureusement**! J'étais dans le sud-ouest de la France …
- It was the end of the holidays … unfortunately! I was in south-west France …

… près de Bordeaux, avec mes parents. Après quinze jours superbes à Arcachon, …
- near Bordeaux with my parents. After a superb fortnight at Arcachon, …

… **au bord de la mer**, nous rentrions en voiture. J'étais très bronzé et très content de mes vacances.
- … by the sea, we were driving home. I was very brown and very pleased with my holiday.

Mais il était neuf heures du soir, et j'étais très fatigué. Alors, je dormais …
- But it was nine o'clock in the evening and I was tired. So I was sleeping …

… pendant que ma mère conduisait la voiture. **Soudain** un de nos pneus a éclaté!
- … while my mother drove the car. Suddenly, one of our tyres burst!

Je me suis réveillé et j'ai vu que la voiture dérapait sur la route mouillée …
- I woke up and saw that the car was skidding on the wet road …

… et que nous allions heurter une autre voiture. J'ai fermé les yeux et j'ai attendu.
- … and that we were going to hit another car. I closed my eyes and waited.

Quelle chance! Nous n'avons pas heurté la voiture … elle était au bord de la route renversée.
- What luck! We didn't hit the other car … it was on the side of the road overturned.

Mon père avait son portable, alors il a appelé la police et l'ambulance.
- My father had his mobile phone, so he called the police and an ambulance.

Heureusement personne n'était blessé. C'était bien la fin des vacances!
- Fortunately no one was hurt. It really was the end of the holidays!

> In a story or a report of an event, you can work in three tenses: the perfect and imperfect for the events in the past, and present tense for direct speech. That means a chance to score higher marks!

Travail en entreprise

Vous avez un petit boulot ou un travail à temps partiel?
- Do you have a job or part-time work?

En ce moment, non. **L'année dernière** je faisais du babysitting …
- Not at the moment. Last year I used to do some babysitting …

… et je distribuais des journaux **le matin**.
- … and I had a morning newspaper round.

Et **maintenant**?
- And now?

Maintenant je dois préparer mes examens.
- Now I've got to prepare for my exams.

Vous avez fait du travail en entreprise?
- Did you do any work experience?

Oui, j'ai travaillé quinze jours dans un bureau.
- Yes, I worked for a fortnight in an office.

Alors, qu'est-ce que c'était comme travail?
- So what sort of work was it?

Bof, j'avais beaucoup à faire. Je répondais au téléphone … j'accueillais des clients.
- Well, I had lots to do. I used to answer the phone, welcome customers …

… j'organisais les fichiers, **quelquefois** j'aidais le patron. **C'était bien** …
- … I used to organise the filing, sometimes I'd help the boss. It was good …

… mais je n'aimais pas préparer le café. C'était ennuyeux, ça!
- … but I didn't like making the coffee. That was boring!

Pas vrai!

L'Attaque des Martiens!! Suite
(Martian Attack!! Continued)

Je tremblais de peur derrière un arbre. Tous les Martiens sont descendus …	I was trembling with fear behind a tree. All the Martians got out …
… de la soucoupe volante. Puis ils se sont rangés en cercle pour discuter.	… of the flying saucer. Then they got into a circle to have a discussion.
A ce moment-là mon chat a miaulé. 'Chut! Minou,' ai-je dit tout doucement.	At that moment my cat miaowed. 'Shh! Minou,' I said really quietly.
Mais c'était **trop tard**. Un des Martiens s'approchait de mon arbre.	But it was too late. One of the Martians was approaching my tree.
Mon cœur battait très fort. J'ai vu que les autres Martiens regardaient …	My heart was beating very quickly. I saw that the other Martians were also looking …
… dans ma direction aussi. Soudain le petit Martien s'est arrêté. Pourquoi?	… in my direction. Suddenly the little Martian stopped. Why?
Je ne savais pas. Puis j'ai compris. Quelqu'un chantait! C'était mon frère …	I didn't know. Then I understood. Somebody was singing! It was my brother …
… qui prenait sa douche.	… who was in the shower.
A suivre …	**To be continued …**

💡 *You can use the imperfect and perfect tenses like this to talk about films and books you've seen and read.*

dans ce film/ce livre il s'agit de/d'…	this film/book is about …
un garçon et sa famille	a boy and his family
il y a cinq personnages	there are five characters
j'ai adoré/détesté ce film/livre	I loved/hated this film/book
c'était passionnant …	it was exciting …

QUICK TEST

Say/write it in **English**:
1. C'était jeudi.
2. Que faisaient-ils?
3. Nous étions en vacances.
4. Le soleil brillait.

Say/write it in **French**:
5. I was cooking.
6. You used to babysit.
7. What time was it?
8. I was sleeping when you left.
9. There were five characters in the film.
10. Suddenly I saw that my parents were there.

ONCE UPON A TIME 2 — Leisure and travel

Holiday accommodation 1

Relative pronouns: 'qui', 'que (qu)'

- Relative pronouns link or 'relate' sentences, to save you time and avoid repetition of nouns. So:
There's (the man). (The man) manages the hotel.
becomes:
There's the man (who) manages the hotel.
Voilà l'homme (qui) est directeur de l'hôtel.

- The two most-used relative pronouns are 'qui' and 'que' (qu'):

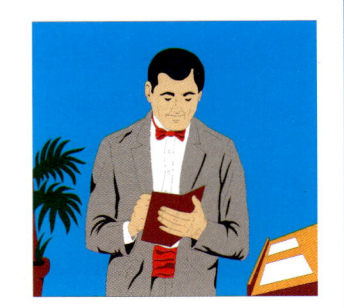

QUI = WHO, THAT
Use this for people and things if the verb follows it immediately:
L'hôtel qui a cinq étoiles est en face. The hotel that has five stars is opposite.*

***Test yourself**: turn this single sentence into two.

QUE/QU' = WHO(M), THAT
- Use this for people and things if it's followed by a noun or pronoun (je, tu, etc.) and then the verb:
Voilà l'hôtel que je cherche. There's the hotel that I am looking for.
Le vélo qu'il a loué est cassé. The bike that he hired is broken.

💡 'Qui' can never drop/lose its 'i', but 'que' always loses its 'e' if it's followed by a vowel or a vowel sound.

Hotels

MASCULIN

		FÉMININ	
ascenseur	lift	addition/note	bill
balcon	balcony	armoire	wardrobe
escalier	stairs	chambre	(bed)room
lavabo	washbasin	clef	key
premier étage	first floor	douche	shower
restaurant	restaurant	nuit	night
rez-de-chaussée	ground floor	piscine	swimming pool
sèche-cheveux	hairdryer	salle de bains	bathroom
		serviette	towel

EXPRESSIONS UTILES

Avez-vous des chambres libres?	Have you got any rooms free?	pour deux personnes	for two people
		pour trois nuits	for three nights
Je voudrais …	I would like …	Le petit déjeuner est compris?	Is breakfast included?
J'ai réservé …	I've booked …		
C'est au nom de …	It's in the name of …	J'ai perdu ma clef	I've lost my key
du cinq au dix juin	from the 5th to the 10th of June	Je peux payer/régler l'addition/la note?	Can I pay/settle the bill?
une chambre à un lit	a room with a double bed		

More negatives

Many students cannot identify a verb easily.

- You've already learnt how to use 'ne … pas' around the verb to make it negative:

La télévision **ne** marche **pas**.   The television doesn't work.

- To make different kinds of complaints, e.g. 'There isn't/aren't any …', '(there's) neither … nor' and 'no … more/longer', you simply use the following:

'ne … pas de' (to say something's used up, missing, finished, etc.)
Il **n'**y a **pas de** téléphone.   There's no telephone.
Je **n'**ai **pas de** serviettes.   I haven't got any towels.

'ne … ni … ni' (to make a list, using 'neither … nor … nor', etc.)
Il n'y a **ni** serviettes **ni** savon.   There's neither towels nor soap.
Vous n'avez **ni** nettoyé ma chambre   You have neither cleaned my room
  ni changé les draps.   nor changed the sheets.

'ne … plus' (to say 'no more' and 'no longer')
Il **n'y** a **plus** de café?   There's no more coffee?
Ce **n'**est **plus** un restaurant.   This is no longer a restaurant.

Campsites

MASCULIN

bloc sanitaire	wash block
café-restaurant	combined café and restaurant
casier	locker
emplacement	pitch
gaz	gas
magasin	shop
plats à emporter	take-away meals
sac de couchage	sleeping bag
vélo	bike

FÉMININ

activités en plein air	open air/outdoor activities
caravane	caravan
eau non potable	non-drinking water
machine à laver	washing machine
pile	battery
poubelle	dustbin
randonnée (en forêt)	(forest) walk
salle de jeux	games room
tente	tent

EXPRESSIONS UTILES

Avez-vous de la place?	Do you have any room/space?
C'est combien …	How much is it …
… par heure/jour/nuit?	… per hour/day/night?
On peut louer …?	Can you/we hire …?
Il y a des branchements électriques?	Can we connect to the mains (electricity)?

HOLIDAY ACCOMMODATION 1

Leisure and travel

Holiday accommodation 2

A l'hôtel

Bonjour, monsieur. J'ai réservé une chambre pour une famille.
- Hello, I've booked a family room.

Oui, monsieur. C'est à quel nom?
- Yes, sir. What's the name?

C'est au nom de Martin. C'est pour huit jours.
- It's in the name of Martin. For eight days.

C'est ça, monsieur. Vous voulez une chambre avec douche ou salle de bains?
- That's right, sir. Would you like a room with a shower or a bathroom?

Avec salle de bains. La chambre est à combien?
- With a bathroom. How much is the room?

25 euros par nuit, monsieur. Vous êtes au troisième étage.
- 25 euros a night, sir. You are on the third floor.

Merci. Le petit déjeuner est compris?
- Thanks. Is breakfast included?

Non, monsieur. Le petit déjeuner coûte 7 euros par personne.
- No sir. Breakfast costs 7 euros per person.

Don't forget how authentic you can sound just by adding common expressions such as:
- *d'accord – OK, agreed*
- *c'est ça – that's it/right*
- *c'est pas grave – it doesn't matter/no problem*

Problèmes

Bonjour, monsieur. Qu'est-ce qui ne va pas?
- Hello, sir. What's wrong?

Tout – d'abord il n'y a ni eau chaude ni serviettes dans la chambre.
- Everything – first of all, there's neither hot water nor towels in the room.

Ah bon? Attendez un instant …
- Really? Wait a moment …

… et la salle de bains est sale. Il y a des cheveux* dans le lavabo.
- … and the bathroom is dirty. There are hairs in the washbasin.

Oh, je suis désolé, monsieur, mais …
- Oh, I'm sorry, sir, but …

En plus, le lit est cassé et la porte ne ferme pas à clef!
- What's more, the bed is broken and the door doesn't lock!

Mais, monsieur … où allez-vous?
- But, sir … where are you going?

On ne reste plus ici. On va au camping.
- We're not staying here any longer. We're going to the campsite.

Au camping

Bonjour. Avez-vous de la place?
- Hello. Have you got any space?

Ça dépend. C'est pour une caravane ou une tente?
- That depends. Is it for a caravan or a tent?

Une tente … mais nous n'avons pas de tente!
- A tent … but we haven't got a tent!

Ce n'est pas grave … on peut louer une tente. Emplacement trente-cinq.
- Don't worry … you can hire a tent. Pitch number thirty-five.

Merci. C'est pour huit jours. On est quatre personnes.
- Thanks. It's for eight days. There are four of us.

D'accord. Alors, une tente, une voiture et quatre personnes: 10 euros par jour.
- OK. So, a tent, a car and four people: 10 euros a day.

Vous avez de l'eau chaude, j'espère?
- You've got hot water, I hope?

Oui, bien sûr, monsieur, au bloc sanitaire. Et on a même une piscine, un restaurant et une salle de jeux* à côté.
- Yes, of course, sir, in the wash block. We've even got a swimming pool, a restaurant and a games room next door.

> **Some irregular nouns end in -x, like *cheveux (hair(s)) and *jeux (games):**
> animal ➡ animaux animals   cheval ➡ chevaux horses
> genou ➡ genoux knees   oiseau ➡ oiseaux birds
> Look them up and learn them by heart.

QUICK TEST

Say/write it in **English**:
1. Le petit déjeuner est compris?
2. Il n'y a ni restaurant ni piscine à l'hôtel.
3. Je voudrais une chambre au rez-de-chaussée.
4. Voilà la pile que je cherchais.

Say/write it in **French**:
5. You can hire bikes here.
6. She's not staying any longer at the campsite.
7. Have you got take-away meals?
8. I'd like a family room with a shower.
9. Is it the pitch that's next to the swimming pool?
10. The sleeping bag that I hired is dirty.

HOLIDAY ACCOMMODATION 2 — Leisure and travel

Directions and transport 1

En ville

MASCULINE SINGULAR

le/un
bâtiment (building)

bureau de poste (or la poste)

camping

carrefour

centre sportif

cinéma (Odéon)

commissariat de police

garage (Renault)

jardin public/parc

lac

marché

monument

pont

port

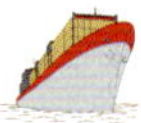

rond-point

syndicat d'initiative

théâtre (Royal)

l'/un aéroport

hôpital

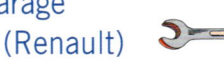

hôtel (Métropole)

hôtel de ville

immeuble

FEMININE SINGULAR

la/une
banque

gare (SNCF)

gare routière

mairie

piscine

place (du marché)

plage

rue (street/road)

route/route nationale (main road/A road)

station-service

Tour Eiffel

zone piétonne

l'/une agence de voyages

auberge de jeunesse

école (primaire)

église (Saint-Pierre)

office de tourisme

PLURAL

les feux (N.B. un feu rouge)
les/des toilettes (or les WC – pronounced 'vé-cé')

En route

un aller-retour	return ticket
un aller simple	single ticket
arrivée(s)	arrival(s)
l'ascenseur	lift
les bagages	luggage
le billet	train ticket
(n.b., 'le ticket' on bus, underground or entrance ticket to cinema, etc.)	
le carnet	book of tickets
compostez votre billet/ticket	stamp your ticket
la consigne	left-luggage office
départ(s)	departure(s)
la douane	customs
l'entrée	entrance
l'escalier (roulant)	stairs, (escalator)
défense de …	
il est défendu de … }	it is forbidden to …
il est interdit de …	
(non-)fumeurs	(non-)smoking
le guichet	ticket window
l'horaire	timetable
la porte	gate – at airport
poussez/tirez	push/pull
le(s) quai(s)	platform(s)
les renseignements (les informations)	information
la salle d'attente	waiting room
la sortie (de secours)	(emergency) exit

Impératif

- Use the imperative to give directions or instructions.
- Use it to make suggestions, with the 'nous' part of the verb.
- Most verbs take the part of the verb in the present tense (see page 8) and drop the 'tu', 'vous' or 'nous':

Prends cette rue!	Take this road!
Tournez à droite!	Turn right!
Allons au cinema!	Let's go to the cinema!

- 'er' verbs lose the 's' in the 'tu' form:

Continue jusqu'aux feux!	Carry on as far as the traffic lights!

EXCEPTIONS
aller (to go) → va allez allons
- Allez, les bleus! Allez! Come on, you blues!
être (to be) → sois soyez soyons
- Sois sage! Be good!

NEGATIVE IMPERATIVE

Ne descends pas ici.	Don't get out here.
Ne traversez pas la rue.	Don't cross the road.
Ne sortons pas.	Let's not go out.

REFLEXIVE VERBS (see page 16)
Use the pronouns 'toi', 'vous' and 'nous':

(se lever) Lève-toi!	Get up!
(s'asseoir) Asseyez-vous!	Sit down!
(s'arrêter) Arrêtons-nous!	Let's stop!

Prepositions

- Many prepositions describe where something or someone is. There are three groups:

Prepositions used on their own.

Où est la mairie?	Where's the town hall?
■ Là-bas.	Over there.
■ dedans	inside
■ dehors	outside
■ en bas	down below
■ en haut	up above
■ par là	over there, that way
■ par ici	over here, this way
■ proche	
■ (tout) près }	(very) near by

Prepositions followed by a noun or pronoun.

■ devant le musée	in front of the museum
■ avec toi	with you
■ après	after
■ avant	before
■ dans	
■ en }	in
■ devant	in front of
■ derrière	behind
■ sur	on
■ sous	under
■ contre	against
■ entre	between
■ avec	with
■ sans	without
■ sauf	except
■ selon	according to
■ par	by, through
■ pour	for
■ chez	at the home of
■ vers	towards

Prepositions followed by 'de' plus noun or pronoun.

■ à côté du garage	next to the garage
■ au bout de la rue	at the end of the road
■ de l'autre côté de	on the other side of
■ au bord de	beside, on the edge of
■ au bout de	at the end of
■ au fond de	at the bottom of
■ au milieu de	in the middle of
■ autour de	around
■ en face de	opposite
■ loin de	far from
■ près de	near to

jusqu'à (au/à la/à l'/aux) = as far as

Directions and transport 2

Dans la rue

Pardon, monsieur/madame. Pour aller au château/à la Tour Eiffel/à l'Hôtel Métropole/aux magasins, s'il vous plaît?
Excuse me, sir/madam. How do I get to the castle/Eiffel Tower/Métropole Hotel/shops, please?

Est-ce qu'il y a un camping/une station-service près d'ici, s'il vous plaît?
Is there a campsite/petrol station near by, please?
Oui, c'est tout près/ce n'est pas loin. Yes, it's very near/it's not far away.
Descendez cette rue jusqu'au fond et tournez à gauche.
Go down this road to the end and turn left.
Puis traversez la place et c'est juste en face.
Then cross the square and it's just opposite.

Oh, c'est assez loin d'ici. Oh, it's quite a long way from here.
Prenez un autobus/le métro. Take a bus/the underground.
Où est l'arrêt le plus proche/la station la plus proche, s'il vous plaît?
Where is the nearest bus stop/station, please?
Continuez tout droit, passez devant la poste et c'est sur votre droite.
Carry straight on, past the post office and it's on your right.
Merci, monsieur/madame. Thank you, sir/madam.

A l'arrêt/dans le métro

Excusez-moi, c'est quelle ligne pour aller au château, s'il vous plaît?
Excuse me, which line is it to get to the castle, please?
C'est la ligne 23. Descendez à la Place Principale.
Line 23. Get out at the main square.

Le prochain bus est à quelle heure?
When is the next bus?
Il y a un bus toutes les dix minutes.
There's a bus every 10 minutes.
Pardon. C'est bien le bus pour … ?
Excuse me. Is this the right bus for … ?

Pardon, c'est quelle direction pour aller à la Tour Eiffel, s'il vous plaît?
Excuse me. Which line is it to get to the Eiffel Tower, please?
Prenez la direction Balard et changez à La Motte Picquet Grenelle.
Take the Balard direction and change at La Motte Picquet Grenelle.
Où est-ce que je peux acheter un ticket?
Where can I buy a ticket?
Achetez un carnet – c'est moins cher. Le guichet est là-bas.
Buy a book of tickets – it's cheaper. The ticket office is over there.

A la gare SNCF/à l'aéroport

Bonjour. Je voudrais aller à Paris.
Hello. I'd like to go to Paris.
Il y a un train/un vol vers 10 heures?
Is there a train/flight around 10 o'clock?
Oui, à dix heures vingt-cinq.
Yes, at 10.25.
Il arrive à quelle heure?
At what time does it arrive?
A midi quinze.
At 12.15.

Je peux réserver une place, s'il vous plaît?
Can I book a seat, please?
Un aller simple ou un aller-retour?
Single or return?
Un aller-retour, s'il vous plaît.
A return, please.
Vous revenez quand?
When are you coming back?
Jeudi après-midi, vers 17 heures.
Thursday afternoon, around 5pm.
Fumeurs ou non-fumeurs?
Smoking or no-smoking?
Non-fumeurs. Ça fait combien, s'il vous plaît?
No-smoking. How much is it?

Pardon. C'est quel quai/quelle porte pour le train/le vol de Paris, s'il vous plaît?
Excuse me. Which platform/gate is it for the Paris train/flight, please?
Quai/Porte numéro …
Platform/Gate number …
Il part à l'heure?
Is it leaving on time?
Je suis désolé(e). Il y a un retard/un délai de 15 minutes.
I'm very sorry. There's a 15-minute delay.
Où est la salle d'attente, s'il vous plaît?
Where is the waiting room, please?

> *Always use the 24-hour clock for travel times, e.g. 'dix-huit heures quinze' for 6.15pm, rather than 'six heures et quart'. Make sure you know 'midi' and 'minuit'.*

QUICK TEST

Say/write it in **English**:

1. Descendez cette rue et passez devant l'hôtel de ville.
2. Allez jusqu'aux feux, puis traversez le pont.
3. Le prochain train part à vingt-deux heures.
4. Le vol de Londres part de la porte numéro soixante.

Say/write it in **French**:

5. Take the first road on the left.
6. Excuse me, how do I get to the beach, please?
7. Is there a bank nearby, please?
8. The next bus leaves at what time, please?
9. A return to Nice, for tomorrow, please.
10. Which platform is it for the Calais train?

DIRECTIONS AND TRANSPORT 2

Leisure and travel

The world of preferences 1

Comparatives

- You've already seen how adjectives are used, on page 24. Now you can go one step further and compare two (groups of) people or two (groups of) things, using the comparative adjective:

Mon village est petit, mais ton village est **plus*** petit.
My village is small, but your village is **smaller**.

Ta ville est bruyante, mais sa ville est **plus*** bruyante.
Your town is noisy, but his town is **noisier**.

- Note how the adjective still changes its ending to match the noun:

	singular	plural
masculine	(plus) petit	(plus) petit**s**
feminine	(plus) petite	(plus) petit**es**

'PLUS/MOINS ... QUE'

- Use 'que' to translate 'than' if you want to make the comparisons even clearer:

Ma ville est plus bruyante **que** Londres.
My town is noisier **than** London.

Ta région est moins touristique **que** la Dordogne.
Your region is less touristy **than** the Dordogne.

💡 *Replace plus* with 'moins' to say 'less...': Sa ville est moins bruyante...' His town is less noisy...'*

💡 *Irregular comparative and superlative adjectives to learn by heart:*
bon(ne) (s)	good	meilleur(e) (s)	better	le/la/les meilleur/e/s	the best
mauvais(e)(s)	bad	pire(s)	worse	le/la/les pire(s)	the worst
		(OR plus mauvais(e)(s))		(OR le/la/les plus mauvais(e)(s))	

Superlatives

- When you compare more than two (groups of) people or things, you can use the superlative adjective:

Ton village est **le plus petit** de la région.
Your village is the **smallest** in the region.

Ma région est la **plus intéressante** du pays.
My region is the **most interesting** in the country.

Les Antilles sont **les plus belles** îles du monde.
The Antilles (West Indies) are **the most beautiful** islands in the world.

- As before, the superlative adjective matches its noun:

	singular	plural
masculine	**le** plus petit	les plus petit**s**
feminine	**la** plus petite	les plus petit**es**

- Remember: most adjectives follow the noun, so you'll come across superlatives such as:

C'est la région **la plus visitée** du pays.
It's the **most-visited** region in the country.

- Remember the exceptions:
le plus beau pays (the most beautiful country)
la plus longue rivière (the longest river)
les plus vieux châteaux (the oldest castles)
les plus grands lacs (the biggest lakes)

💡 *Besides saying 'more (than) ...' and 'less (than) ...', you can compare and find that things are equal, so then you use 'aussi ... que'*
  + *plus beau(x)/belle(s) que*   more beautiful than ...
  = *aussi beau(x)/belle(s) que*   as beautiful as ...
  − *moins beau(x)/belle(s) que*   less beautiful than ...

Living preferences

Je préfère habiter …	I prefer living …
en France/Suisse/Ecosse	in France/Switzerland/Scotland
au Québec/Maroc/Pays de Galles	in Quebec/Morocco/Wales
aux Etats-Unis/Antilles	in the USA/Antilles (West Indies)

Là, où j'habite	Where I live
Dans ma région	In my region
c'est (plus/moins) …	it's (more/less) …

animé	lively, busy	touristique	touristy
sale	dirty	pollué	polluted
mort	dead	tranquille	quiet
		propre	clean

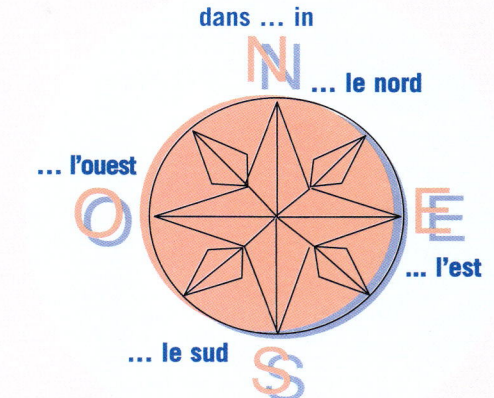

les gens sont (plus/moins) …	the people are (more/less) …
amusants/cultivés	amusing/cultured
accueillants/sympa	welcoming/friendly

dans … in
… le nord
… l'ouest
… l'est
… le sud

Eating preferences

J'aime/je n'aime pas/je préfère …	le gâteau cake
I like/don't like/prefer …	
	la pizza pizza
… manger sain	
… to eat healthy foods	les produits laitiers dairy products
Comme nourriture je préfère …	le yaourt yoghurt
My preferred food is …	
	la cuisine française French cooking
le riz rice	
la salade verte green salad	
	c'est plus léger/sain/délicieux
les pâtes pasta	it's lighter/healthier/more delicious
	moins lourd/nocif/gras
le poisson fish	not so heavy/harmful/fatty
les céréales cereals	A mon avis, les plats végétariens sont les meilleurs.
J'aime aussi/Je n'aime pas du tout …	In my opinion vegetarian dishes are the best.
I also like/I don't like … at all.	Ça coûte plus cher mais c'est plus sain aussi.
	It's more expensive but it's also healthier.

The world of preferences 2

Préférences: domicile

Vous habitez où? Where do you live?
Dans le nord-est, dans une ville rurale.
In the north-east, in a rural town.

Vous en êtes content?
Are you happy about that?
Oui, **en gros**, mais ce n'est pas ma région préférée.
Yes, generally, but it's not my favourite region.

Là où j'habite, c'est **trop** tranquille. Je trouve ça moins intéressant.
Where I live, it's too quiet. I find that less interesting.

Quelle région préférez-vous, alors?
What region do you prefer, then?
Le sud-est, **parce que** c'est **plus** animé. C'est plus touristique aussi, **mais tant pis**!
The south-east, because it's livelier. It's more touristy, too, but never mind!

Et les gens dans le sud-est? Ils sont comment? And the people in the south-east? What are they like?
Ce sont les gens les plus accueillants et les plus sympa.
They're the most welcoming and the friendliest people.

> *trop (too), très (very), assez (fairly/quite), un peu (a bit/little): using these words with adjectives helps you to add to the opinions you are expressing and will lead to better marks.*

Préférences: à l'étranger

Et si vous habitiez à l'étranger? And what if you lived abroad?
De tous les pays francophones, je voudrais habiter au Québec.
Of all the French-speaking countries, I'd like to live in Quebec.

Au Québec? Et pourquoi? In Quebec? Why?
Rien de plus simple! Au Québec **c'est plus intéressant**, car …
Nothing simpler! In Quebec it's more interesting, because …

… il y a deux cultures: la culture française et la culture canadienne …
… there are two cultures: French culture and Canadian culture …

… comme ça la vie est plus riche et plus variée. … that way life is richer, more varied.

Et le problème des langues? And what about the language problem?
Pour moi, l'anglais est aussi facile **ou** difficile que le français …
For me, English is as easy or as difficult as French …

… Et en plus, Montréal est la ville la plus animée et la plus moderne.
… And besides that, Montréal is the liveliest and most modern town.

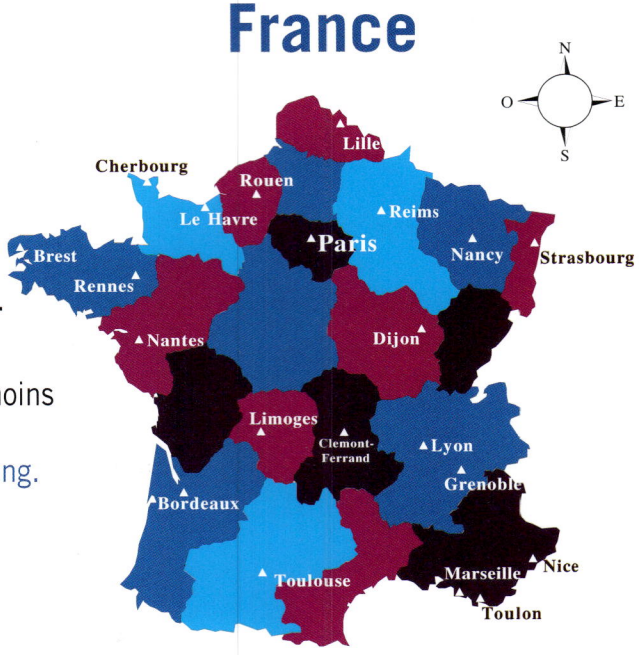

Préférences: nourriture

Vous préférez la cuisine nord-américaine aussi?
Do you prefer North American cooking, too?

Non, **pas tellement**. Je préfère manger sain. C'est meilleur que les hamburgers et le steak-frites.
No, not much. I prefer a healthy diet. It's better than hamburgers and steak and chips.

Vous mangez quoi, alors?
What do you eat, then?

Mon plat préféré c'est le poisson au riz. C'est **très bon**.
My favourite dish is fish with rice. It's very good.

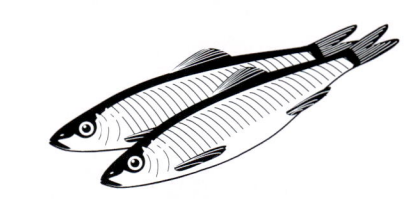

Alors, vous préférez la cuisine indienne ou antillaise?
So you prefer Indian or West Indian cooking?

Oui, c'est plus léger et plus sain. Et c'est **beaucoup moins** gras que la cuisine française.
Yes, it's lighter and healthier. And it's much less fatty than French cooking.

Et moins que la cuisine italienne aussi!
And less fattening than Italian cooking!

Oui, c'est ça … mais j'adore les pâtes – sans viande! C'est le plus délicieux et le plus sain.
Yes, that's right … but I love pasta – without meat! It's the most delicious and the healthiest.

QUICK TEST

Say/write it in **English**:
1. Plus grand.
2. Moins bruyant.
3. La plus belle île.
4. Le poisson est meilleur.

Say/write it in **French**:
5. It's not my favourite (preferred) town.
6. Your region is more touristy than the north-west.
7. Pizza and salad is the most delicious dish.
8. It's dirtier in the USA.
9. It's much too fatty.
10. Paris is the best town in the world.

Practice questions

Use the questions to test your progress. Check your answers on page 95.

Speaking

Role play 1
You are talking to a hotel receptionist in France.
- Ask if there are any rooms free. (1 mark)
- Say you'd like a family room for seven nights. (1 mark)
- Say you'd like a room with a shower. (1 mark)
- Ask if breakfast is included. (1 mark)

(4 marks)

Role play 2
You are telephoning for information about train times in France.
- Say you'd like to go to Paris. (1 mark)
- Ask if there's a train about midday. (1 mark)
- Ask what time it arrives. (1 mark)
- Say you'd like to book a seat and ask how much it costs. (1 mark)

(4 marks)

General conversation
1. Où préfères-tu passer les vacances? (1 mark)
2. Comment sont les gens dans ta région? (1 mark)
3. Tu préfères l'Angleterre ou l'étranger? Pourquoi? (1 mark)
4. Comment est le centre commercial le plus proche de chez toi? (1 mark)
5. Tu préfères manger sain? Pourquoi (pas)? (1 mark)
6. Qu'est-ce qu'il y a d'intéressant pour les touristes en Angleterre? (1 mark)
7. Comment vas-tu passer les grandes vacances cette année? (1 mark)
8. Parle-moi du dernier film que tu as vu. (1 mark)
9. Qu'est-ce que tu as fait comme travail en entreprise? (1 mark)
10. Qu'est-ce que tu aimes faire quand tu vas en ville? (1 mark)
11. Parle-moi de tes vacances idéales. (1 mark)
12. Qu'est-ce que tu as fait la dernière fois que tu es allé(e) au bord de la mer? (1 mark)

(12 marks)

Writing

1. Your parents want you to send an e-mail for them to a campsite in France.

Ecrivez ces phrases en français.
- I phoned last Saturday afternoon. (2 marks)
- I booked a pitch for a caravan for a fortnight. (2 marks)
- It's in the name of Martin. How much is it? (2 marks)

(6 marks)

2. Use your imagination: write up to 90 words on one of the following topics, using the questions/prompts to help you.

Either describe the last film you saw
Le dernier film que j'ai vu

Répondez à ces questions en français
- Dans ce film il s'agit de quoi? (2 marks)
- Qui sont les personnages principaux? (2 marks)
- C'était où et quand? (2 marks)
- Qui a fait quoi? (2 marks)
- Et ensuite? (2 marks)
- Et la fin du film – qu'est-ce qui est arrivé? (2 marks)
- Comment vous avez trouvé ce film? (2 marks)

(14 marks)

Or continue the story of the Martian Invasion:
L'Attaque des Martiens (suite)

Répondez à ces questions.
- Les Martiens sont allés où? (2 marks)
- Et vous, qu'est-ce que vous avez fait? (2 marks)
- Et votre chat? (2 marks)
- Et vos parents? (2 marks)
- On a appelé la police? (2 marks)
- C'était comment? (2 marks)
- Et la fin de l'histoire? (2 marks)

(14 marks)

Reading

1. Regardez ces panneaux.

A commissariat B syndicat d'initiative C gare SNCF D hôtel de ville
E piscine F gare routière G poste

Ecrivez la lettre du panneau qui correspond à chaque illustration.
Exemple: 1 E

1. 2. 3. 4. 5. 6.

(5 marks)

2. Lisez le texte.

On m'a demandé de nommer ma région ⬜1⬜. Alors, la région ⬜2⬜ j'ai ⬜3⬜ n'est ni française ni anglaise. C'est le Canada ⬜4⬜ m'intéresse, surtout le Québec. ⬜5⬜ moi, c'est la région ⬜6⬜ de toutes, avec ses deux langues, ses deux cultures, son climat et son peuple.

Ecrivez la lettre du mot qui correspond à chaque numéro.
Exemple: 1 D

A pour C la plus intéressante E choisie G qui
B que D préférée F le plus intéressant H avec

(5 marks)

3. Lisez le texte.
Statistique ou opinion?

La plupart des habitants de la France préfèrent rester en France pour les vacances, ou bien ils partent vers le sud – Espagne, Maroc, Portugal. Ils apprécient moins l'Angleterre comme destination de vacances. Pourquoi? D'abord, c'est le climat qu'on a en Angleterre – pour les Français il fait trop froid même en été! En plus les plages en France sont plus accueillantes que celles de l'Angleterre – et plus propres aussi. D'ailleurs, la campagne française est beaucoup plus belle et plus variée. C'est non seulement une question de climat et paysages, il s'agit aussi de la cuisine anglaise. La dernière fois que j'ai visité l'Angleterre, je n'ai pas tellement apprécié les restaurants. Je trouvais les sauces trop épaisses et les desserts – les fameux 'puddings' – trop sucrés et trop lourds. Pourtant, à mon avis, l'humour anglais est nettement plus avancé que le sens d'humour des Français. Est-ce que c'est grâce à leur climat et leur nourriture que les Anglais arrivent à trouver tant d'humour dans la vie?

Répondez en français aux questions.

a) Qu'est-ce que la plupart des Français aiment mieux? (2 marks)
b) Quelles sont leurs destinations préférées? (1 mark)
c) Qui trouve qu'il fait très frais en Angleterre pendant les grandes vacances? (1 mark)
d) Comment sont les plages anglaises par rapport aux plages de la France? (2 marks)
e) Qu'est-ce que les Français n'apprécient pas beaucoup, à part le climat et la campagne anglais? (1 mark)
f) Qu'est-ce qui est supérieur à son avis, l'humour français ou l'humour anglais? (1 mark)
g) Comment explique-t-il cette supériorité? (2 marks)

(10 marks)

How well did you do? 1–20 Try again 21–35 Getting there 36–49 Good work 50–60 Excellent!

Welcome! 1

Expressions with 'avoir' and 'être'

■ Some French expressions use 'avoir' (to have), where we use 'to be' (être) in English.

AVOIR
(see page 8 for the parts of 'avoir')
avoir ... ans	to be ... years old
avoir faim	to be hungry
avoir soif	to be thirsty
avoir chaud	to be hot
avoir froid	to be cold
avoir raison	to be right
avoir tort	to be wrong

avoir besoin de (du/de la/de l'/des) to need

ÊTRE
(see page 8 for the parts of 'être')
être fatigué	to be tired
être malade	to be ill
être content	to be happy
être triste	to be sad
(etc.)	

N.B. The adjective **must** agree:
■ Elle est fatigu**ée** — She's tired
■ Nous sommes conten**ts** — We're happy

💡 *'Avoir' is also used with illnesses and ailments – see page 74.*

Using 'devoir' and 'il faut'

■ There are two ways to say 'have to' or 'must' in French:

1. Use the verb 'devoir', followed by an infinitive, the form of the verb which ends in 'er', 'ir' or 're'.
e.g. Je dois téléphoner à mes parents
I must phone my parents
Tu dois te coucher — You must go to bed

je dois
tu dois
il/elle/on doit
nous devons
vous devez
ils/elles doivent

2. Use 'il faut', followed by an infinitive,
e.g. Il faut téléphoner à mes parents
I must phone my parents
Il faut te coucher — You must go to bed

'Il faut' is invariable – the 'il' doesn't change, whoever it refers to. It means 'it is necessary to'.

■ However, the tense of 'faut' can change:
Il faudra (future – see page 80) = It will be necessary to
Il (ne) fallait pas! (imperfect – see page 44) = You shouldn't have! It wasn't necessary. (when someone gives you a present)

■ Tu ne dois pas sortir le soir! Tu dois rester à la maison et faire tes devoirs!
You must not go out in the evenings! You must stay at home and do your homework!

■ Il faut travailler au collège! Il ne faut pas faire l'idiot avec tes copains!
You've got to work at school! You musn't mess about with your mates!

Using 'on'

On is used a lot in French, to mean 'we', 'you' and 'people'.
It takes the same part of the verb as 'il' and 'elle'.
On mange à 20 heures. We eat at 8pm.
Qu'est-ce qu'on mange chez toi, le soir? What do you eat at home, in the evening?
En France, on mange bien à midi. In France, people eat well at lunchtime.

💡 *How will you know which is the correct meaning of 'on'? From the context!*

On fait la fête!

à Diwali at Diwali …
à Hannoukah at Hanukkah …
… on allume des bougies
  we/people light candles

On …   We/People …
souhaite …   wish …
donne …   give …
envoie …   send …
décore …   decorate …
chante …   sing …
attend …   wait for …

à Noël at Christmas
Joyeux Noël!
  Happy Christmas!
la veille de Noël
  Christmas Eve
le jour de Noël
  Christmas Day
le(s) cadeau(x) de Noël
  Christmas present(s)
l'arbre de Noël
  Christmas tree
des chants de Noël
  Christmas carols
des cartes de Noël
  Christmas cards
le père noël/Le Saint Nicolas
  Father Christmas

C'est quand? When is it?
C'est:
au printemps   in spring
en été   in summer
en automne   in autumn
en hiver   in winter
en avril/octobre in April/
(etc.)   October, etc.

Au Nouvel An At the New Year
a la Saint-Sylvestre
  on New Year's Eve
on fait le réveillon we/people
  celebrate the New Year
on danse we/people dance
on boit we/people drink
on s'amuse we/people
  have fun
Bonne Année! Happy New Year!

le Nouvel An Chinois
  Chinese New Year

la Fête Nationale en France
  the French national holiday
c'est le 14 juillet
  is on 14th July
On regarde les feux d'artifice
  People watch the fireworks
On ne travaille pas
  People don't work
C'est un jour férié
  It's a holiday

Mon anniversaire est le …
  My birthday's on the …
Bon anniversaire!
  Happy Birthday!
Je reçois des cartes/des cadeaux d'anniversaire
  I get birthday cards/presents

WELCOME! 1

Out and about

63

Welcome! 2

Bienvenue chez nous!

Tu as fait un bon voyage?
  Did you have a good journey?
C'était un peu long, mais ça va.
  It was a bit long, but it was OK.
La mer n'était pas très calme.
  The sea wasn't very calm.
L'avion était un peu en retard.
  The plane was a bit late.
Je te présente ma famille. Voici mon père, ma mère … Let me introduce my family. This is my father, my mother …
Enchanté(e).   Pleased to meet you.
Bienvenue en France. Welcome to France.
C'est ta première visite en Angleterre?
  Is this your first visit to England?

Voici ta chambre. Tu as besoin de quelque chose?
  Here's your room. Do you need anything?
As-tu des cintres, s'il te plaît?
  Do you have any clothes hangers, please?
Peux-tu me prêter de la monnaie, s'il te plaît?
  Can you lend me some change, please?

Ça va? Tu es fatigué(e)? Tu veux te reposer? Are you OK? Are you tired? Do you want to rest?
Tu as faim? Tu veux quelque chose à manger?
  Are you hungry? Do you want something to eat?
Non, ça va, merci. Est-ce que je peux prendre une douche? No, I'm OK, thanks. Can I take a shower?
Si tu veux, on peut sortir ce soir … If you like, we can go out tonight …
mais nous devons rentrer avant 22 heures. … but we have to be back by 10pm …
On doit se coucher de bonne heure – il faut se lever à sept heures demain, pour aller au collège. We must go to bed early – we have to get up at seven o'clock tomorrow, to go to school.

Voici un petit cadeau pour toi/vous. Here's a little present for you.
Il ne fallait pas! You shouldn't have!

> *Remember! Money = l'argent, change = la monnaie*

Au téléphone

Allô. Ici (Christine)./C'est (Christine) à l'appareil.
  Hello. This is (Christine) speaking.
Je voudrais parler/Est-ce que je peux parler à (Sophie), s'il vous plaît? I'd like to speak to/Can I speak to (Sophie), please?
Ne quittez pas. Je vais la (le) chercher.
  Hold on. I'll fetch her (him).

Désolé(e). Elle (il) n'est pas là en ce moment.
  Sorry, she (he)'s not here at the moment.
Vous voulez laisser un message?
  Do you want to leave a message?
C'est de la part de qui? Who's calling?
Ça s'écrit comment? How do you spell that?
Quand est-ce qu'elle (il) sera là, s'il vous plaît?
  When will she (he) be there, please?
Je rappellerai plus tard/vers 20 heures. I'll call back later/about 8pm.

> *Remember: 'Allô' is only ever used on the phone!*

On fait la fête!

Comment est-ce qu'on fête Noël chez toi?
How do you celebrate Christmas at home?
A Noël, on envoie des cartes de Noël et on donne des cadeaux. On mange de la dinde et du pudding de Noël.
At Christmas, we send Christmas cards and we give presents. We eat turkey and Christmas pudding.

Nous, on ne fête pas Noël/Pâques. On est juifs/musulmans/hindous.
We don't celebrate Christmas/Easter. We're Jewish/Moslems/Hindus.
Quelle est la fête la plus importante pour toi? What's the most important festival for you?
La fête la plus importante pour nous, c'est le Hannoukah/le Ramadan/le Diwali (etc.).
The most important festival for us is Hanukkah/Ramadan/Diwali (etc.).
On allume des bougies. On mange …
We light candles. We eat …

La fête nationale en France, c'est le 14 juillet. Il y a des feux d'artifice et parfois on danse dans la rue.
The national holiday in France is on 14th July. There are fireworks and sometimes people dance in the street.

WELCOME! 2 Out and about

QUICK TEST

Say/write it in **English**:
1. Tu as besoin de quelque chose?
2. On doit se lever de bonne heure.
3. C'est de la part de qui?
4. Le 14 juillet, c'est un jour férié.

Say/write it in **French**:
5. Did you have a good journey?
6. Can you lend me a towel, please?
7. Are you thirsty?
8. Can I speak to Pierre, please?
9. How do you spell that?
10. We (people) dance, we sing, we give presents.

Food and drink 1

Direct object pronouns

CAFÉ-RESTAURANT

If you need to repeat a direct object, make it shorter by turning it into a direct object pronoun:

Où est **la tarte aux pommes?** Je **la** mange.
- Where's the apple flan? I'm eating it.

Here's how it works:
le steak ➡ le (it)
la tarte ➡ la (it)
les frites ➡ les (them)

- You place them before the verb:
Et **le steak?** Vous **le** voulez comment?
And the steak? How do you want it?

Où est **l'omelette? La** voilà... il **la** mange.
Where's the omelette? There it is... he's eating it.

Oh, j'ai oublié **les frites.** Attendez... je **les** cherche.
Oh, I've forgotten the chips. Wait... I'll fetch them.

Partitive articles

When you shop, the first word that springs to mind is 'some'... or 'any' if you're asking for help:

(Je voudrais) du beurre, de la limonade et des bananes
(I'd like) some butter, some lemonade and some bananas

Avez-vous du jambon? Have you got any ham?

- This is called the partitive article, because you only need a part of it:

le fromage ➡ du fromage
the cheese ➡ some cheese

Learn this table and these examples and you'll always get it right:

le	➡	du
l'	➡	de l'
la	➡	de la
les	➡	des

le pâté ➡ du pâté — the pâté ➡ some pâté
l'huile ➡ de l'huile — the oil ➡ some oil
la crème ➡ de la crème — the cream ➡ some cream
les sardines ➡ des sardines — the sardines ➡ some sardines

At the market

Je voudrais ...	I'd like ...
Donnez-moi ...	Give me ...
Il me faut ...	I need ...
Avez-vous ...?	Have you got ...?
500 grammes de/d' ...	500 grammes of ...
un kilo de/d' ...	a kilo of ...
C'est combien ...?	How much is ... (that)?
... la pièce?	... each?
... le kilo?	... per kilo?
J'en prends ...	I'll take ... (of them*).
C'est tout.	That's all.

MASCULIN

ananas	pineapple(s)
artichaut(s)	artichoke(s)
citron(s)	lemon(s)
kiwi(s)	kiwi fruit(s)
melon(s)	melon(s)
pamplemousse(s)	grapefruit
radis	radish(es)

FÉMININ

carotte(s)	carrot(s)
cerise(s)	cherry(ies)
fraise(s)	strawberry(ies)
pêche(s)	peach(es)
pomme(s)	apple(s)
pomme(s) de terre	potato(es)

💡 **'en'** = (some) of it/them*
As it's another pronoun, it saves you repeating nouns:
Et les bananes? J'en prends un kilo ■ What about bananas? I'll have a kilo (of them)

Out and about

At the supermarket

un filet de …	a net (bag) of …	une botte de…	a bunch of …
… pommes de terre	… potatoes	… radis	… radishes
un morceau de …	a piece of …	une boîte de …	a can of …
… camembert	… camembert	… coca	… cola
un paquet de …	a packet of …	une bouteille …	a bottle …
… macaronis	… macaroni	… d'eau minérale	… of mineral water
un pot de …	a pot of …	une tranche de	a slice of …
… yaourt	… yoghurt	… jambon	… ham

MASCULIN
- un   (a, an)
- du, de l'   (some)
- des   (some)

FÉMININ
- une   (a, an)
- de la, de l' (some)
- des   (some)

agneau	lamb	baguette(s)	loaf(ves), French stick(s)
chips	crisps	céréales	cereals
chocolat	chocolate	côtelette(s) (de porc)	(pork) chop(s)
croissant(s)	croissant(s)	eau minérale	mineral water
petits pois	peas	huître(s)	oyster(s)
poisson	fish	limonade	lemonade
thé	tea	pizza	pizza

> **Direct object pronouns (le, la, les) with an infinitive**
> Et <u>le</u> shopping? Je vais <u>le</u> faire ■ What about the shopping? I'm going to do it
> Et <u>la</u> tarte? Tu veux <u>la</u> manger? ■ What about the flan? Do you want to eat it?
> Et <u>les</u> fraises? Elle peut <u>les</u> acheter au marché ■ What about the strawberries? She can buy them at the market

At a restaurant

Entrées/Hors d'œuvres
- hors d'œuvre variés — mixed starters
- crudités — raw vegetable salad
- salade de tomates — tomato salad
- soupe du jour — soup of the day

Plats principaux
- truite aux amandes — trout with almonds
- poulet rôti — roast chicken
- rumsteack — rump steak
- omelette (au choix) — omelette (with choice of fillings)

Desserts
- crème caramel — crème caramel
- glace — ice cream
- tarte aux pommes — apple flan
- pâtisserie — pastry (cake)

Voilà la carte   Here's the menu
Vous prenez un apéritif?   Would you like an aperitif?
Vous prenez le menu fixe …?   Are you having the set meal …?
…ou vous mangez à la carte?   … or are you eating 'à la carte' (choosing from the menu)?
Qu'est-ce que vous prenez comme hors d'œuvre?
What starter would you like?

Et comme plat principal?
What about the main course?
Je recommande le plat du jour.
I recommend the dish of the day/today's special.
Comment voulez-vous votre steak?
How would you like your steak?
Bien cuit, à point ou saignant?
Well done, medium or rare?

Qu'est-ce que vous prenez comme dessert?
What dessert would you like?
Vous prenez un café?   Would you like a coffee?
Vous voulez l'addition?   Would you like the bill?
Les prix sont nets.   The bill includes service.

FOOD AND DRINK 1 — Out and about

Food and drink 2

Au marché

- Bonjour madame. Vous désirez?
  Hello, madam. What would you like?
- Donnez-moi un kilo de pommes de terre.
  Give me a kilo of potatoes.

- Voilà madame. Et avec ça?
  There you are, madam. Anything else?
- Vous avez des artichauts?
  Have you got any artichokes?
- Oui madame. Les voilà.
  Yes, madam. There they are.
- Bien, j'en prends deux.
  Good, I'll take two (of them.)

- Je voudrais des melons aussi.
  I'd like some melons, too.
- Désolé madame, je n'en ai plus.
  Sorry madam, I haven't got any left.

- Tant pis! Je prends trois pamplemousses roses. C'est tout.
  Never mind! I'll take three pink grapefruit. That's all.
- Merci madame, ça fait huit euros.
  Thank you madam, that's eight euros.

Au supermarché

- Julien, prends des melons – il n'y en avait pas au marché.
  Julien, get some melons – there weren't any at the market.
- Des melons? C'est tout? Un filet de pommes de terre, peut-être?
  Melons? Is that all? A net of potatoes, perhaps?
- Non, j'en ai. Mais tu peux prendre une barquette de fraises.
  No, I've got some. But you can get a punnet of strawberries.
- D'accord maman. Je vais les chercher.
  OK, mum. I'll go and get them.

- Bon, qu'est-ce qu'il y a sur ma liste à part ça …?
  Right, what else is on my list …?
- … du fromage … de l'eau minérale … des côtelettes d'agneau …
  … some cheese … some mineral water … some lamb chops …
- Voilà maman. Et les chips? Où sont les chips?
  There you are, mum. What about the crisps? Where are the crisps?
- Au rayon alimentation, au fond à droite.
  In the general food section, down there on the right.

> Remember the prepositions you've learnt (pages 30–31 and page 53)? Now add these to your list, for directions in a supermarket:
> là-bas (over there) à la caisse (at the checkout) à côté de (next to) en face (opposite)

Au restaurant

- Bonjour messieurs-dames. Vous avez réservé?

  Hello sir, madam. Have you booked?

- Non. Vous avez une table pour deux personnes?

  No. Have you got a table for two?

- Bien sûr. Voilà la carte. Vous prenez un apéritif?

  Of course. Here's the menu. Would you like an aperitif?

- Un jus d'orange et de l'eau minérale, s'il vous plaît.

  An orange juice and some mineral water, please.

- Alors, vous avez choisi?

  Right, have you chosen?

- Oui, deux menus à dix-huit euros.

  Yes, two menus at 18 euros.

- Qu'est-ce que vous prenez comme hors d'œuvre?

  What starters would you like?

- Un pâté de campagne … une soupe de légumes.

  One country pâté … one vegetable soup.

- Et comme plats principaux?

  And the main course?

- Rumsteack … à point … et canard à l'orange.

  Rump steak … medium … and duck with orange.

FOOD AND DRINK 2 — Out and about

QUICK TEST

Say/write it in **English**:

1. Du thé.
2. Tu veux de la pizza?
3. Je voudrais des citrons.
4. Une boîte de petits pois.

Say/write it in **French**:

5. Peaches? I've got some (of them).
6. The soup? He's fetching it.
7. Have you got a table for four?
8. Give me a bunch of radishes and some tomatoes.
9. I'll take a kilo (of them).
10. You can get some French sticks in the bakery section, down there on the right.

At the shops 1

This, that, these and those

MASCULINE SINGULAR
ce T-shirt
N.B. In front of a vowel or 'h':
cet imperméable
FEMININE SINGULAR
cette chemise
PLURAL
ces baskets

To be more precise
Add '-ci' or '-là' to the noun:
ce T-shirt-ci (this T-shirt)
cette chemise-là (that shirt)

'Which one(s)?'
MASCULINE
lequel? lesquels?
FEMININE
laquelle? lesquelles?

'This one/these ones' or 'That one/those ones'
MASCULINE:
- celui-ci
- celui-là   ceux-ci
FEMININE:
- celle-ci
- celle-là   ceux-là

Je prends ces baskets! I'll take those trainers!

Lesquelles, monsieur? Which ones, sir?

Ces baskets-là! Those ones!

Mais … lesquelles? But which ones?

Celles-ci. Vous acceptez les cartes de crédit? These ones. Do you accept credit cards?

Oui, monsieur. Yes sir.

Lesquelles? Which ones?

At your service!

A LA POSTE
la/une boîte à lettres — postbox
la/une carte postale — postcard
la/une enveloppe — envelope
la/une lettre — letter
mettre à la poste — to post
le/un paquet — parcel, package
le/un tabac — tobacconist's – you can buy stamps here

le/un timbre à … centimes (d'euro) — a … -centime stamp

A LA BANQUE/AU BUREAU DE CHANGE
le/un billet de 5 euros a 5 euro note
changer de l'argent/un chèque de voyage
    to change money/a travellers' cheque
50 centimes 50 centimes = half a euro
la/une livre sterling pound sterling
la/une pièce de 2 euros 2-euro coin
la/une pièce d'identité identification
le passeport passport

DANS LA CABINE TÉLÉPHONIQUE
Décrochez Lift the receiver
Attendez la tonalité Wait for the tone
Introduisez la télécarte/une pièce de …. centimes Insert phonecard/a … -centime coin
Composez le numéro Dial the number
Raccrochez Hang up
Retirez la télécarte Remove phonecard

AU PRESSING (AT THE DRY CLEANER'S)
Je voudrais faire nettoyer ce/cet/cette/ces …
    I'd like to have this/these … cleaned.
Je voudrais faire réparer ce/cet/cette/ces … I'd like to have this/these … repaired.
Quand est-ce qu'il/elle sera prêt/prête?
    When will it be ready?
Quand est-ce qu'ils/elles seront prêts/prêtes?
    When will they be ready?

At the clothes shop

MASCULINE SINGULAR
un/le
blouson jacket
chapeau hat 
imper(méable) raincoat
jean jeans 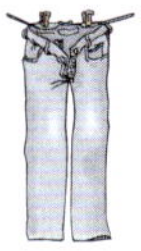
jogging tracksuit
maillot (de bain) swimming trunks
manteau coat
mouchoir handkerchief
pantalon trousers
parapluie umbrella
portefeuille wallet
porte-monnaie purse 
pull(over) jumper
sac (à main) (hand)bag
short pair of shorts
sweat-shirt sweatshirt
T-shirt T-shirt

FEMININE SINGULAR
une/la
casquette cap
chemise shirt
cravate tie
jupe skirt
robe dress
veste jacket 
montre watch

FEMININE PLURAL
des/les
baskets trainers
chaussettes socks
chaussures shoes

en coton (made of cotton)
en cuir (made of leather)
en laine (made of wool)

For colours, see page 9.
For rules on adjective agreement, see page 24 and below.

KEY PHRASES
Je cherche … I'm looking for …
Vous faites quelle taille/pointure? What size/shoe size are you?
grand/moyen/petit large/medium/small
N.B. shoe sizes: 5 = 38, 6 = 39 (etc.) in France
Je peux l'essayer? Can I try it on?
Je peux les essayer? Can I try them on?
Je regrette, il n'y en a plus. I'm sorry, there are none left.
Je le/la/les prends. I'll take it/them.

la cabine d'essayage fitting/changing room
la caisse cash desk/till
la carte de crédit credit card
gratuit(e) free
la mode fashion
le rayon (des hommes/des femmes) the (men's/women's) department
rabais de / réduction } reduced by …
réduit(e) reduced
les soldes sales

	MASCULINE SINGULAR	FEMININE SINGULAR	MASCULINE PLURAL	FEMININE PLURAL
It's/They're too	Il est trop	Elle est trop	Ils sont trop	Elles sont trop
big small long short expensive	grand petit long court cher	grande petite longue courte chère	grands petits longs courts chers	grandes petites longues courtes chères

At the shops 2

Au magasin de vêtements

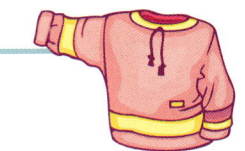

- Pardon, monsieur/madame. Où est le rayon des femmes/hommes, s'il vous plaît?
  Excuse me. Where's the women's/men's department, please?
- Il est au troisième étage. Prenez l'ascenseur, là-bas.
  It's on the third floor. Take the lift, over there.

- Je peux vous aider? Can I help you?
- Je cherche une veste bleue ou noire, s'il vous plaît.
  I'm looking for a blue or black jacket, please.
- Nous avons celles-ci en coton, ou celles-là en laine.
  We've got these in cotton, or those in wool.
- J'aime celle-ci. Je peux l'essayer, s'il vous plaît?
  I like this one. Can I try it on, please?
- Bien sûr. Vous faites quelle taille? Of course. What size are you?
- Moyen. Medium.
- Les cabines d'essayage sont au fond, à droite.
  The fitting rooms are at the back, on the right.
- Merci, madame/monsieur. Thank you.

- Ça va, monsieur/mademoiselle? Is it all right, sir/madam?
- Non, elle est trop petite. Avez-vous quelque chose de plus grand?
  No, it's too small. Do you have something bigger?
- Je regrette. Il n'y en a plus. I'm sorry. There are none left.
- Je la prends. Vous acceptez les chèques de voyage?
  I'll take it. Do you accept travellers' cheques?

- Je voudrais me plaindre. J'ai acheté cette veste ici hier, et il y a un trou.
  I'd like to complain. I bought this jacket here yesterday, and there's a hole.
- Je suis désolé(e), monsieur/madame. Vous en voulez une autre?
  I'm very sorry, sir/miss. Would you like another one?
- Non, merci. Je voudrais un remboursement.
  No, thank you. I'd like my money back.

Soldes (sale)

Rabais de 10%

Changer de l'argent

- Je voudrais changer des livres sterling, s'il vous plaît.
  I'd like to change some pounds sterling, please.
- Vous avez une pièce d'identité, s'il vous plaît?
  Do you have some identification, please?
- Voici mon passeport.
  Here's my passport.

- Ça fait vingt-deux euros. Vous les voulez comment?
  It comes to 22 euros. How do you want them?
- Un billet de vingt euros et une pièce de deux euros, s'il vous plaît.
  A 20-euro note and a 2-euro coin, please.

A la poste

- Bonjour. C'est combien pour envoyer une carte postale en Angleterre, s'il vous plaît?
  Hello. How much is it to send a postcard to England, please?

- Soixante-cinq centimes, monsieur/mademoiselle.
  65 centimes, sir/miss.

- Est-ce que je peux téléphoner d'ici, s'il vous plaît?
  Can I phone from here, please?

- Oui. Les cabines téléphoniques sont dehors, à gauche.
  Yes. The phone boxes are outside, on the left.

- Vous vendez des télécartes?
  Do you sell phonecards?

- Oui. Vous en voulez une à quel prix?
  Yes. What price card do you want?

QUICK TEST

Say/write it in **English**:
1. Cette semaine: soldes.
2. La caisse est là-bas.
3. Décrochez et introduisez une pièce d'un euro.
4. Vous faites quelle pointure?

Say/write it in **French**:
5. I'm looking for a pair of grey trousers, in medium.
6. I'll take these trousers, please.
7. I'd like to get this coat cleaned, please.
8. I'd like to change some travellers' cheques, please.
9. How much is it to send a letter to Britain, please?
10. This watch doesn't work.

AT THE SHOPS 2 — Out and about

Problems! 1

Illness and injury

J'ai mal partout	I hurt all over
Qu'est-ce qu'il y a?	What's wrong?
Je me sens malade …	I feel ill …
J'ai …	I've got …
… la grippe	… the flu
… la fièvre	… a temperature
… le rhume des foins	… hay fever
… mal ici	… a pain here
Je suis enrhumé(e)	I've got a cold

SAYING WHERE IT HURTS

J'ai mal …	I've got a sore …
… au pied	… foot
… au dos	… back
… au genou	… knee
… au bras	… arm
… au doigt	… finger
… à l'estomac	… stomach
… aux yeux	… eyes
… à la tête	… head (headache)
… à la gorge	… throat
… à la jambe	… leg
… à l'oreille	… ear
… aux dents	… teeth (toothache)

Present participles

- French present participles end in '-ant' and in English they end in '-ing':
  tombant — falling
  descendant — coming down
- Use them with 'en', to talk about two events happening together:
  Je me suis cassé le bras **en tombant**
  I broke my arm falling over
  Je suis tombé **en descendant** l'escalier
  I fell coming down stairs
- To form it, take the 'nous' part of the present tense, cut off 'nous' and '-ons', then add '-ant':
  nous + tombons ➪ tombant (falling)
  nous + descendons ➪ descendant (coming down)
  nous + finissons ➪ finissant (finishing)

Lost property

Qu'est-ce que vous avez perdu?	What have you lost?
On m'a volé …	Someone has stolen (from me) …
J'ai laissé …	I've left …
… mon sac de sports	… my sports bag
… mon parapluie	… my umbrella
… mon passeport	… my passport
… mon short	… my shorts
… mes livres	… my books
… ma casquette	… my cap
… ma raquette	… my racquet
… ma serviette	… my towel
… mes affaires	… my things
… mes baskets	… my trainers
… dans le bus	… on the bus
… dans le café	… in the café
… dans le vestiaire	… in the changing room
… à l'école	… at school
… à l'hôtel	… at the hotel

il/elle est …	it's …
ils/elles sont …	they are …

blanc(he)(s)
noir(e)(s)
bleu clair
orange(s)
bleu foncé
mauve(s)
gris(e)(s)
rose(s)
jaune(s)
rouge(s)
marron
vert(e)(s)

Accidents

Qu'est-ce qui est arrivé? What happened?

BREAKDOWNS AND ACCIDENTS

Au secours!	Help!
Pouvez-vous nous aider?	Can you help us?
Le moteur ne marche pas.	The engine doesn't work.
Nous avons heurté ... (un arbre)	We've run into ... (a tree)
Allô?	Hello? (on the telephone)
Nous somes en panne ... (... d'essence)	We've broken down ... (... we're out of petrol)
La batterie est à plat	The battery's flat
La voiture a dérapé	The car skidded
appeler la police/le garage/le service de dépannage	to call the police/a garage/the breakdown service
un accident de route	a traffic accident
le coffre	boot (of a car)
un incendie	a fire
les sapeurs-pompiers	the fire brigade
une cabine téléphonique	a telephone booth
une crevaison	a puncture
une ceinture de sécurité	a safety belt
une trousse de premier secours	a first aid kit

Direct object pronouns: perfect tense

- You have seen from page 66 how useful direct object pronouns are (with the present tense) to say 'it'/'him'/'her' or 'them'.

Et **la** montre?   Je **la** laisse ici.
What about the watch? I'm leaving it here.

- You can also use it with the perfect tense:

Et **la** montre?   Je **l'**ai laiss**ée** à la maison.
What about the watch? I've left it at home.

Can you work out three things from this example?
a) Where does the direct object pronoun go?
b) Why is it 'l'' instead of 'la'?
c) Why has laissée got an extra 'e' on the end?

Mon sac? Je **l'**ai perdu. My bag? I've lost it.

Ma valise? Je **l'**ai perd**ue**. My suitcase? I've lost it.

Mes livres? Je **les** ai perd**us**. My books? I've lost them.

Mes baskets? Je **les** ai perd**ues**. My trainers? I've lost them.

ANSWERS
a) Before the auxiliary ('ai', etc.).
b) Because the two vowels mustn't clash (la + ai).
c) The pronoun 'it' is feminine (la) so the past participle has to be, too.

The pluperfect tense

- The pluperfect tense describes what **had** (already) **happened**:

Elle **était partie** et elle **avait dit** au revoir quand l'incendie a commencé.
She had gone and she had said goodbye when the fire broke out.

- The pluperfect takes you one stage further back in the past:

La voiture **avait** déjà **heurté** l'arbre quand nous sommes arrivés.
The car had already hit the tree when we arrived.

- To form the pluperfect tense, follow exactly the same rules for the perfect tense but change the auxiliary (je suis', etc. or 'j'ai', etc.) like this (see pages 38–39):

ÊTRE VERBS

j'étais allé(e)	I **had** gone
tu étais allé(e)	you had gone
il était allé	he had gone
elle était allée	she had gone
on était allé	we had gone
nous étions allé(e)s	we had gone
vous étiez allé(e)(s)	you had gone
ils étaient allés	they had gone
elles étaient allées	they had gone

AVOIR VERBS

j'avais joué	I had played
tu avais joué	you had played
il avait joué	he had played
elle avait joué	she had played
on avait joué	we had played
nous avions joué	we had played
vous aviez joué	you had played
ils avaient joué	they had played
elles avaient joué	they had played

PROBLEMS! 1   Out and about

Problems! 2

A la pharmacie

- Bonjour. Je me sens malade. Je suis enrhumé(e) et …
Hello. I feel ill. I've got a cold and …
- Vous avez une ordonnance?
Do you have a prescription?
- Non, je ne suis pas encore allé(e) chez le médecin.
No, I haven't been to the doctor's yet.

- D'accord. Vous avez mal à la tête et mal à la gorge?
OK. Have you got a headache and a sore throat?
- Oui, j'ai mal partout. Surtout au dos.
Yes, I ache all over. Especially in my back.

- Vous avez la fièvre aussi, il me semble. You've got a temperature, too, it seems to me.
- Ah oui, j'ai chaud et j'ai très soif. Yes, I'm hot and very thirsty.
- Vous avez la grippe, je crois. Prenez ces comprimés …
You've got the flu, I think. Take these tablets …
- … deux fois par jour et restez au lit. Allez voir le médecin si ça ne va pas mieux.
… twice a day and stay in bed. Go and see the doctor if it doesn't get better.

> *Remember how useful the verb 'avoir' (to have) is, especially for illnesses, aches and pains.*
> **j'ai froid – I'm cold   j'ai peur – I'm frightened   j'ai soif – I'm thirsty   j'ai faim – I'm hungry**

Accident de route

- Alors, madame, c'est vous le témoin?
Right, madam, are you the witness?
- Enfin … j'ai entendu une voiture qui dérapait, puis je l'ai vue en face.
Well … I heard a car (that was) skidding, then I saw it opposite.

- Là où elle est maintenant? Where it is now?
- Oui. Elle avait déjà cassé la barrière et heurté l'arbre.
Yes. It had already broken (through) the fence and hit the tree.

- Et le conducteur? What about the driver?
- Il était déjà descendu de la voiture, mais il était tombé par terre …
He had already got out of the car, but he had fallen over …
- … Il m'a dit qu'il avait mal à la tête et à l'épaule. Puis l'ambulance est arrivée …
… He told me his head and his shoulder hurt. Then the ambulance came …
- … et on l'a emmené à l'hôpital. C'est tout. A part ça, je n'ai rien vu.
… and they took him to hospital. That's all. Apart from that, I saw nothing.

Objets trouvés

- Allô, c'est bien l'Hôtel Métropole?
Hello, is that the Hotel Metropole?
- Oui, madame.
Yes, madam.
- C'est Madame Martin à l'appareil. Pouvez-vous m'aider?
This is Mrs Martin speaking. Can you help me?
- Bien sûr madame. Qu'est-ce qui ne vas pas?
Of course, madam. What's the problem?

- J'ai perdu ma valise. Je l'ai laissée dans ma chambre, peut-être*?
I've lost my suitcase. Perhaps I left it in my room?
- Ah non, je ne crois pas madame …. Attendez … on a trouvé une valise dans l'ascenseur …
No, I don't think so …. Wait … somebody found a suitcase in the lift …
- … Elle est comment, votre valise?
… What is your suitcase like?
- C'est une valise rouge en cuir …
It's a red leather case …

- … Dedans il y a un ordinateur de poche. Il est noir et blanc.
… Inside there's a pocket computer. It's black and white.
- C'est quelle marque, madame?
What make is it, madam?
- C'est un Dell, je crois.
I think it's a Dell.
- C'est bien madame. Ne vous inquiétez pas. Votre valise est là.
That's fine, madam. Don't worry. Your suitcase is here.

> *peut-être (perhaps)
> Try to add expressions such as 'peut-être', 'je crois' (I think), 'il me semble' (it seems to me), to make your French sound more authentic … and to boost your grades!

PROBLEMS! 2 — Out and about

QUICK TEST

Say/write it in **English**:
1. Mal aux dents.
2. Tu as la fièvre?
3. Il a perdu sa casquette bleue.
4. Les agents de police étaient arrivés.

Say/write it in **French**:
5. I've got a cold.
6. What did you lose in the changing room?
7. What is your watch like?
8. My books! I've left them at school!
9. He fell coming down the ladder.
10. When you left the lorry had already hit the car.

Practice questions

Use the questions to test your progress.
Check your answers on page 95.

Speaking

Role play 1
You are at a doctor's in France.
- Say you are ill. (1 mark)
- Say you have a temperature. (1 mark)
- Say you have stomach ache. (1 mark)
- Say thank you and goodbye. (1 mark)

(4 marks)

Role play 2
You are at a market in France.
- Ask for a kilo of potatoes. (1 mark)
- Ask whether they have any cherries. (1 mark)
- Say you will take 500 grams of strawberries. (1 mark)
- Ask how much it is. (1 mark)

(4 marks)

Role play 3
You are shopping for clothes in France.
- Say you are looking for a pair of trousers. (1 mark)
- Say you prefer the black ones, in cotton. (1 mark)
- Say whether you are small, medium or large. (1 mark)
- Ask whether you can try them on. (1 mark)

(4 marks)

Role play 4
You are staying with your French friend, in France.
- Ask whether he/she has any toothpaste. (1 mark)
- Say you are feeling tired. (1 mark)
- Ask whether you can take a shower. (1 mark)
- Say you have a present for him/her. (1 mark)

(4 marks)

Role play 5
You answer the telephone at your French friend's house.
- Say who is speaking. (1 mark)
- Say that he/she is not there at the moment. (1 mark)
- Ask who is calling. (1 mark)
- Ask how you spell that. (1 mark)

(4 marks)

Writing

1. Your suitcase has disappeared from your hotel, while you were on holiday in France. You have received a letter from the hotel manager, asking you to describe the case, its contents and where you left it.
   Ecrivez une lettre en français. Répondez à ces questions.
   - Qu'est-ce que vous avez perdu? (1 mark)
   - Elle est comment? (Donnez deux détails) (2 marks)
   - Où l'avez-vous laissée? (1 mark)
   - Qu'est-ce qu'il y avait dedans? (Mentionnez deux choses.) (2 marks)
   - Décrivez une des choses qui était dedans. (Donnez deux détails.) (2 marks)

   (8 marks)

2. **Vous avez vu un article dans un magazine français sur la Fête Nationale en France. Ecrivez un article sur les fêtes importantes chez vous. Répondez à ces questions.**
   - Quelle est la fête la plus importante pour vous? (1 mark)
   - Que pensez-vous de cette fête? Pourquoi? (3 marks)
   - Qu'est-ce qu'on fait pour la fêter, chez vous? (2 marks)
   - Y a-t-il quelque chose de spécial à manger ou à boire? (1 mark)
   - Dites ce que vous avez fait pour fêter votre dernier anniversaire. (2 marks)
   - Qu'est-ce que vous avez reçu? (1 mark)
   - Comment espérez-vous fêter votre prochain anniversaire? (2 marks)

   (12 marks)

Reading

You are on holiday with your family in France and walk down the local high street. Your family ask you to explain some of the signs and adverts in the shop windows.

1. Ananas: 75 cents d'euros — What costs 75 centimes in this supermarket? (1 mark)
2. Nettoyage à sec: une heure — What can you get done in an hour in this shop? (1 mark)
3. En promotion: imperméables, manteaux, blousons en cuir — What is on special offer in this shop? (Name one thing) (1 mark)
4. La grippe? Prenez 'Acti-vitesse' — What type of illness is 'Acti-vitesse' for? (1 mark)
5. Entrée et plat du jour: 18 euros — What can you get for 18 euros in this restaurant? (Name two things) (1 mark)

(5 marks)

6. **Regardez la publicité.**

> A partir du 1er juin: SOLDES.
> Au rayon hommes: Rabais de 10%!
> Au rayon femmes: Réductions de 15% sur tout!
> En promotion au premier étage: Tout pour les sportifs!
> Cartes de crédit et chèques de voyage acceptés.

Indiquez si les phrases sont vraies ou fausses.
a) Les soldes commencent au printemps. (1 mark)
b) Les robes sont réduites de 15%. (1 mark)
c) Les articles sportifs coûtent moins cher. (1 mark)
d) Les joggings et les baskets sont au sous-sol. (1 mark)
e) On n'accepte pas les cartes de crédit. (1 mark)

(5 marks)

7. **Read the article.**

Pourquoi porter la ceinture de sécurité?

Il y a deux mois, j'étais en vacances avec mes parents, en Normandie. Nous avions passé la journée à la campagne et nous rentrions à l'hôtel, sur l'autoroute, mon père au volant. Il avait commencé à pleuvoir et c'était la fin de la journée, donc il commençait à faire nuit. Tout d'un coup, j'ai vu un camion qui dérapait sur la route mouillée. Je crois qu'un de ses pneus s'était éclaté. Le camion a heurté la barrière et s'est renversé. Ma mère a téléphoné aux sapeurs-pompiers, car le conducteur était coincé. Il s'était fait mal à la tête et il croyait qu'il avait la jambe cassée. On l'a libéré après une heure et l'a emmené à l'hôpital. Après, j'ai appris qu'il ne portait pas de ceinture de sécurité. Quelle bêtise! Et quelle leçon …
Jean-Christophe.

Answer the questions in English.
a) What were the weather conditions and the visibility like at the time of the accident? (Give two details)
(2 marks)
b) What happened to the lorry? (Give two details) (2 marks)
c) How did Jean-Christophe's family help? (1 mark)
d) Why was the lorry driver so badly injured? (1 mark)

(6 marks)

8. **Lisez l'article.**

> A l'approche des examens, ma mère est devenue super-sévère. Voici les règles qu'elle m'a données:
> - Tu ne peux pas sortir en semaine.
> - Tu dois faire tes devoirs avant de regarder la télé.
> - Il ne faut pas téléphoner à tes copines avant 22h.
> - Il faut faire au moins deux heures de travail scolaire le week-end.
>
> Est-ce raisonnable?!
> Elodie

Indiquez si les phrases sont vraies ou fausses.
a) Elodie ne doit pas appeler ses amies avant dix heures du soir. (1 mark)
b) Elle ne peut pas sortir le week-end. (1 mark)
c) Il ne faut pas regarder la télé après les devoirs. (1 mark)
d) Elodie doit faire les devoirs le week-end aussi. (1 mark)

(4 marks)

How well did you do? 1–20 Try again 21–35 Getting there 36–49 Good work 50–60 Excellent!

The future 1

The future tense

- To form the future tense just take the infinitive (cutting off '-e' from '-re' verbs):

rester　　**sortir**　　**prendre**

then add what looks suspiciously like the present tense of 'avoir':

je -ai　　　　nous -ons
tu -as　　　　vous -ez
il　　　　　　ils
elle } -a　　　elles } -ont
on

Je resterai à la maison.　　I'll stay at home.
Tu sortiras souvent?　　　Will you go out often?
On prendra quinze　　　　We'll take a
jours de vacances.　　　　fortnight's holiday.

Although this form of the future tense is less common, it's still correct, especially for longer-term plans and weather forecasts:
Après le collège j'irai* en fac(ulté).
After school I'll go to college/university.
Demain matin il y aura* du soleil sur toute la France.
Tomorrow morning there will be sunshine throughout France.

> J'irai* (I'll go) … il y aura* (there will be).
> Although there are a few irregular future tense verbs, once you've learnt the 'je' form, you'll know the rest:
> aller (to go) ➡ j'irai, tu iras, etc.　　　　avoir (to have) ➡ j'aurai, tu auras, etc.
> être (to be) ➡ je serai, tu seras, etc.　　 faire (to do) ➡ je ferai, tu feras, etc.
> venir (to come) ➡ je viendrai, tu viendras, etc.　voir (to see) ➡ je verrai, tu verras, etc.
> Modals:
> je devrai (I'll have to), je pourrai (I'll be able to), je saurai (I'll know), je voudrai (I'll want)

Plans and weather

Que ferez-vous/feras-tu après le collège?　　What will you do after school?
Je partirai en vacances.　　　　　　　　　　I'll go on holiday.
Je ferai le tour du monde.　　　　　　　　　I'll go round the world.
Je passerai quelque temps avec …　　　　　I'll spend some time with …
Je préparerai le bac.　　　　　　　　　　　I'll study for my A levels/Highers.
Je (ne) travaillerai (pas).　　　　　　　　　I will (won't) work.
Je chercherai un emploi.　　　　　　　　　I'll look for a job.
Je (ne) me marierai (pas).　　　　　　　　　I will (won't) get married.
(avant l'âge de …)　　　　　　　　　　　　(before the age of …)
Nous aurons deux enfants.　　　　　　　　We'll have two children.

Voici les prévisions météorologiques…　　　Here is the weather forecast …
… pour cette semaine　　　　　　　　　　… for this week
Selon la météo…　　　　　　　　　　　　According to the forecast …
pendant toute la matinée/journée　　　　　throughout the morning/day

il y aura du soleil/vent　　　　　　　　　　it will be sunny/windy
il fera beau/mauvais/chaud/froid　　　　　it will be fine/dull/hot/cold
il neigera　　　　　　　　　　　　　　　it will snow
il pleuvra　　　　　　　　　　　　　　　it will rain

The conditional

Q: Why is it called the conditional?
A: Simple – it won't happen unless certain conditions are met:
- Que ferais-tu à ma place?
  Je chercherais un autre emploi.
- What would you do if you were me?
  I'd look for another job.

Q: What keyword helps you to spot the conditional?
A: Would:
- J'irais en fac(ulté).
  I'd go to university.
- Je n'aimerais pas travailler.
  I wouldn't like to work.

Q: How do you form it?
A: Simple – identical rules to the future tense (opposite) with these endings:

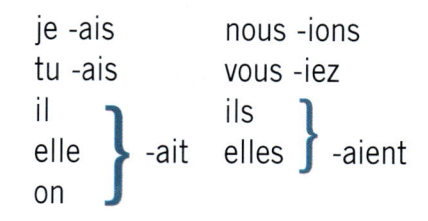

je -ais   nous -ions
tu -ais   vous -iez
il }   ils   }
elle } -ait elles } -aient
on }

- Je deviendrais médecin.
  I'd become a doctor.
- Tu voudrais être secrétaire?
  Would you like to be a secretary?

Q: What about the irregulars?
A: Same as the future tense irregulars with the -ais, etc. endings:

- J'irais I would go
- J'aurais I would have

💡 'Si' ... + imperfect tense ... + conditional.
If you really want to score heavily in the exam, produce a couple of these sentences:
'si' (if) + an imperfect tense, followed by a verb in the conditional:
Si j'étais riche, je ne travaillerais pas. (If I was rich, I wouldn't work.)
S'il pleuvait, je ne sortirais pas. (If it was raining, I wouldn't come/go out.)

Careers and jobs

AGENCE D'EMPLOIS   JOB CENTRE

- Quel serait votre métier préféré? What would be your favourite occupation?
- Je voudrais/je vais...devenir/être I'd like to/I'm going to ... become/be a ...

vendeur	électricien	secrétaire
sales person	electrician	secretary
vendeuse	électricienne	secrétaire
facteur	boulanger	ouvrier
postman/postwoman	baker	factory worker
factrice	boulangère	ouvrière
employé de banque	coiffeur	infirmier
bank worker	hairdresser	nurse
employée de banque	coiffeuse	infirmière
professeur	médecin	ingénieur
teacher	doctor	engineer

THE FUTURE 1 | The wider world

The future 2

Le monde du travail

(Patrick:) Je n'aimerais pas être enfermé dans un bureau.
- I wouldn't like to be shut up in an office.

Je voudrais voyager beaucoup, **un peu partout** …
- I'd like to travel a lot, all over the place …

… et j'aimerais rencontrer les gens.
- … and I'd like to meet people.

(Aline:) Je voudrais travailler dehors **de préférence**.
- I'd like to work outside, preferably.

J'adore la nature et les animaux aussi. Je serais contente …
- I love nature and animals, too. I'd be happy …

… de continuer mes études. Alors, peut-être que je pourrais devenir …
- … to continue my studies. So, perhaps I could become …

(Sakina:) Le métier qui me plairait? Je ne sais pas, mais je sais que …
- The job that I would like? I don't know. But I do know that …

… j'aimerais bien travailler **en équipe**. **En plus**, je préférerais …
- … I'd like to work in a team. I'd also prefer …

… garder le contact avec les jeunes, et même les enfants.
- … to keep in touch with young people, even children.

(Fabrice:) Je n'aimerais pas travailler à l'usine, mais …
- I wouldn't want to work in a factory but …

… je n'aurais pas peur d'un travail physique. J'aimerais travailler seul …
- … I wouldn't be frightened of hard/physical work. I'd like to work alone …

… et je voudrais voyager. Je ne vais pas préparer le bac …
- … and I'd like to travel. I'm not going to do A levels/Highers …

… ça serait **trop ennuyeux**.
- … that would be just too boring.

Métiers futurs

- Patrick deviendra représentant, **parce qu**'il aime voyager …
Patrick will become a travelling salesman because he likes to travel …
- … et rencontrer les gens. Ou **peut-être** qu'il deviendra pilote.
… and meet people. Or perhaps he'll become a pilot.
- Pourtant, **comme** le métier de pilote est difficile, il devra travailler dur et réussir ses examens.
However, as it's difficult to become a pilot, he'll have to work hard and pass his exams.

- Aline sera vétérinaire, j'en suis sûre, **puisqu**'elle adore tout ce qui touche …
Aline will be a vet, I'm sure of it, since she loves everything to do with …
- … la nature et les animaux. Et **comme** elle est intelligente, elle réussira.
… nature and animals. And, as she is intelligent, she will succeed.

- Sakina deviendra professeur **ou** institutrice. Pourquoi?
Sakina will become a secondary or primary school teacher. Why?
- Parce qu'elle voudra garder le contact avec les enfants.
Because she will want to maintain contact with children.
- Et comme institutrice, elle fera partie d'une équipe professionnelle.
And, as a primary school teacher, she'll be part of a professional team.

- Fabrice sera chauffeur de taxi, peut-être … oh, mais non, puisqu'il voudra travailler seul.
Fabrice will be a taxi driver, perhaps … oh, no he won't, since he'll want to work alone.
- Il deviendra chauffeur de poids lourd. Comme ça, il pourra voyager sans rencontrer les gens.
He'll become an HGV driver. That way, he'll be able to travel without meeting people.

> *There are many ways of giving reasons for the opinions you express or the facts you list. These three – 'parce que' (because) 'comme' (as) 'puisque' (since) – will go a long way towards making your spoken and written French more interesting and more successful.*

THE FUTURE 2 — The wider world

QUICK TEST

Say/write it in **English**:
1. Tu sortiras.
2. On ira en ville ce soir.
3. Quel temps fera-t-il demain?
4. Il aimerait être chauffeur de poids lourd.

Say/write it in **French**:
5. We'll go on holiday in August.
6. Will you come to France?
7. She'd like to be a hairdresser.
8. I'd like to meet people.
9. If I had the choice, I'd be an engineer.
10. As he loves animals, he'll become a vet.

Our world 1

The passive

- So far, all the verbs you have learnt have been (in the) active (voice):
  Je fume. Je pollue l'atmosphère. I'm smoking. I'm polluting the atmosphere.
  Tu bois de l'alcool? Tu menaces ta santé. You're drinking alcohol? You're threatening your health.

- They are active because the subject of the sentence (e.g., 'je', 'tu') carries out the action contained in the verb. With the passive (voice) it's the other way round: the action is carried out on the subject:
  La mer a été polluée. Les espèces rares sont menacées.
  The sea has been polluted. Rare species are threatened.

- Passives are simple to form (and spot): the verb 'to be' (être) + a past participle

  e.g. is being (est), was being (était)   +   e.g. empoisonné (poisoned), tué (killed)
       has been (a été), will be (sera)   recyclé (recycled)

- Think of the passive part (the past participle) as an adjective and make sure it matches its noun:
  le lac est pollué   les lacs sont pollués
  the lake is polluted   the lakes are polluted

  la rivière était polluée   les rivières seront polluées
  the river was polluted   the rivers will be polluted

  > - There are different ways of avoiding the passive, the best of which is 'on'. So:
  > La couche d'ozone a été détruite. The ozone layer has been destroyed.
  > could easily become: On a détruit la couche d'ozone. We have destroyed the ozone layer.
  > - Try to look for an active rather than a passive verb when you speak/write French.

The environment

Qu'est-ce qu'il faut faire/on peut faire …   What do we need to/can we do …
… pour sauvegarder l'environnement?   … to safeguard the environment?
il faut/on peut …   we must/we can …
… recycler les déchets   … recycle waste
… éviter/protéger/utiliser …   … avoid/protect/use …

l'effet de serre   the greenhouse effect
le nucléaire   nuclear energy
les déchets toxiques   toxic waste
les accidents de pétroliers   oil tanker accidents
les transports en commun   public transport

la couche d'ozone   the ozone layer
la destruction des forêts   the destruction of the forests
l'exploitation des animaux   the exploitation of animals
la pluie acide   acid rain
les espèces rares   rare breeds/species

Impersonal verbs

- You already know some impersonal verbs:

il pleut it's raining   il fait beau it's fine   il est huit heures it's 8 o'clock

- Notice that the subject is always 'it' (and never 'I', 'you', etc.). They're **impersonal** verbs because they do not involve a person:

il faut garder la forme	it's necessary to keep in shape
il faut recycler	it's necessary to recycle
il vaut mieux refuser l'alcool	it's better to refuse alcohol

- The two impersonal verbs above – il faut, il vaut (mieux) – are frequently used in French, mostly with an infinitive:

il faut sauver la planète	we must (= it is necessary to) save the planet

OTHER TENSES

- To use them in the imperfect, perfect or future tenses, change them like this:

il fallait protéger l'environnement	it was necessary to protect the environment
il a fallu confisquer les cigarettes	it (has) proved necessary to confiscate the cigarettes
il faudra éviter les mauvaises habitudes	it will be necessary to avoid bad habits

Social problems

Qu'est-ce qu'on peut faire …	What can we do …
… pour garder la forme?	… to stay fit?
… pour être en bonne santé?	… to maintain good health?
… pour être bon citoyen?	… to be a good citizen?
On peut/doit …	We can/must …
… prendre de l'exercice	… exercise (regularly)
… se lever et se coucher tôt	… get up and go to bed early
… manger sain	… have a healthy diet
… éviter/refuser …	… avoid/refuse …
l'alcool	alcohol
le stress	stress
le tabac	tobacco
les cigarettes	cigarettes
la drogue	drugs
les mauvaises habitudes	bad habits

OUR WORLD 1

The wider world

Our world 2

L'environnement

- Qu'est-ce qu'il faut faire pour protéger l'environnement?
What do we need to do to protect the environment?
- **A mon avis**, il faut être bon citoyen.
In my opinion, you need to be a good citizen.

- C'est-à-dire?
Meaning?
- Recycler les déchets: les journaux, les cannettes, le verre …
Recycling waste: newspapers, cans, glass …
- C'est tout?
Is that all?
- Non, on peut utiliser les transports en commun aussi.
No, we can use public transport, too.

- Quel est le problème le plus grave, à votre avis?
What's the most serious problem in your opinion?
- **Pour moi**, c'est le problème de la pollution.
For me, it's the pollution problem.
- Les déchets et la circulation?
Waste and traffic?
- **Non seulement** la pollution des villes **mais aussi** …
Not only the pollution of towns/urban pollution but also …
- … les accidents de pétroliers et les déchets toxiques. **C'est affreux**, ça!
… oil tanker accidents and toxic waste. That's terrible!

A mon avis

- Je déteste l'exploitation des animaux. Pour moi,
I hate exploitation of animals. As far as I'm concerned,
- la disparition des espèces rares comme le tigre est inadmissible.
the disappearance of rare species like the tiger is unacceptable.

- Les éléphants sont tués aussi pour leur ivoire,
Elephants are also killed for their ivory,
- **mais** nous n'avons pas besoin d'ivoire.
but we don't need ivory.
- **Si** les espèces rares sont menacées, l'homme **aussi** est menacé.
If rare species are under threat, so is mankind (threatened).

La forme, les habitudes, la société

- Que faites-vous pour garder la forme?
What do you do to keep in shape?
- Je prends **souvent** de l'exercice: je joue au basket et je fais du cyclisme.
I often exercise: I play basketball and I go cycling.

- Et **à part ça**?
What else?
- A part ça, je ne me couche pas trop tard, et **normalement** je mange sain.
Apart from that I don't go to bed late and I normally have a good diet.

- Vous n'avez pas de mauvaises habitudes?
Don't you have any bad habits?
- **Si**, j'adore le chocolat et j'en mange **trop**.
Yes, I love chocolate and I eat too much of it.

> *Si* (= 'yes', after a negative). If you need to contradict someone or something by saying 'yes' (I do, it is, etc.), you don't use 'oui'; instead you use 'si':
> Le lac n'est pas pollué. Si, il est sale. (The lake isn't polluted. Yes it is, it's dirty.)

Que pensez-vous?

- Je trouve que les problèmes des jeunes sont pires que les problèmes de l'environnement.
I think that young people's problems are worse than the problems of the environment.
- Voilà pourquoi trop de jeunes boivent de l'alcool et prennent de la drogue ou fument, parce que ça fait cool et 'adulte'.
That's why too many young people drink alcohol and take drugs or smoke, because it's cool and 'adult'.
- La vie adulte, c'est le stress!
Adult life is just stress!

OUR WORLD 2 — The wider world

QUICK TEST

Say/write it in **English**:
1. L'effet de serre.
2. Il faut recycler.
3. La planète est menacée.
4. Il vaut mieux utiliser les transports en commun.

Say/write it in **French**:
5. We must (= it is necessary to) protect the forests.
6. Rare species are threatened.
7. It's better to have a healthy diet (= eat healthily).
8. What is the most serious problem?
9. In my opinion we must avoid pollution.
10. Too many young people take little exercise.

Which way to go? 1

Relative pronouns: 'ce qui', 'ce que'

■ You already know two relative pronouns – 'qui' and 'que' (qu') – from page 48:
Je prépare le bac hôtellerie, qui est très pratique.
I'm doing the hotel and catering course, which is very practical.

Mon copain prépare le bac littéraire, que je trouve ennuyeux.
My mate is doing the literary course, which I find really boring.

■ In both cases, the relative pronouns replace a noun ('le bac hôtellerie' and 'le bac littéraire') and save time.
■ **Ce qui** and **ce que (ce qu)** – both meaning 'something that' – follow the same pattern but save even more time and space. Why? Because they replace a whole sentence/clause:
Je prépare le bac hôtellerie, ce qui fait plaisir à mes parents.
I'm doing the hotel/catering course, which (= something that) pleases my parents.

Je ne fais plus d'informatique, ce que mes parents n'acceptent pas.
I've dropped computer studies, something that my parents don't accept.

Further/higher education

Qu'est-ce que vous allez faire après le collège?
What are you going to do after (you leave) school?

Je vais aller …   I'm going to go …
… au lycée technique   … to technical college
… au LEP (lycée d'enseignement professionnel)   … to a (professional) training college

Je vais passer un bac …   I'm going to do A levels/Highers (in) …
… technologie/sciences/médecine   … technology/science/medicine
… technologie de musique et de la danse   … music and dance technology
… hôtellerie   … hotel management, catering and hospitality

puis/ensuite/enfin   then/next/finally
j'irai en fac/à l'université   I'll go to university
… pour continuer mes études   … to continue my studies
… en sciences/technologie/langues/droits   … in science/technology/languages/law

💡 *Although French schools, colleges and training courses don't correspond exactly to the education system here, you can still pick out the closest match – and sound really authentic and interesting to native speakers!*

Infinitive constructions: 'à', 'de' + infinitive

- Many verbs are followed simply by the infinitive:

Je vais continuer mes études. — I'm going to continue my studies.
Tu veux faire un stage? — Do you want to do a course?
Il espère travailler dans le tourisme. — He's hoping to work in tourism.

- Several other verbs, however, need 'à' or 'de' first, then the infinitive.

...'À' + INFINITIVE

apprendre à: J'apprends à **faire** le marketing. I'm learning how to do marketing.
commencer à: On commence **à comprendre**. We're beginning to understand.
continuer à: La plupart continuent **à préparer** le bac. Most are continuing with their A levels/Highers.

...'DE' + INFINITIVE

décider de: J'ai décidé **de quitter** le collège. I've decided to leave school.
esayer de: Tu vas essayer **de recommencer**? Are you going to try to start again?
refuser de: Ils refusent **de continuer** leurs études. They refuse to continue their studies.

The working world

Qu'est-ce que vous allez faire …	What are you going to do …
… comme travail?	… in the way of work?
… pour gagner votre vie?	… to earn a living?
J'ai décidé de …	I've decided to …
… faire un apprentissage	… do an apprenticeship
… chercher un emploi dans …	… find a job in …
le commerce	business/commerce
le marketing	marketing
le tourisme	tourism
l'hôtellerie	hotel management, catering and hospitality
l'informatique	information and communication technology/computing
la mécanique	mechanical engineering
les télécommunications	telecommunications
Qu'est-ce qu'il faut …	What do you need …
… pour un tel emploi?	… for a job like that?
il faut être …	you need to be …
créateur	creative
indépendant	independent
logique	logical
méthodique	methodical
original	original
pratique	practical
responsable	responsible

💡 *Choose general areas that interest you first, before going into detail about favourite subjects and your strengths.*

Which way to go? 2

L'education

BAC OU MÉTIER?
Avez-vous décidé ce que vous allez faire après le collège?
Have you decided what you're going to do when you leave school?
Non, **pas tout à fait**, mais je vais essayer d'avoir mon bac.
No, not entirely, but I'm going to try and get my A levels/Highers.
Vous n'allez pas chercher un emploi?
You're not going to look for a job?
Non, **sûrement pas**. Ça serait trop ennuyeux. Il faut aller à l'université d'abord. C'est plus intéressant.
No, definitely not. That would be just too boring. You should go to university first. It's more interesting.
Ensuite on pourra chercher un bon emploi – avec formation professionnelle, **bien sûr**.
Then you'll be able to look for a good job – with professional training, of course.

BAC ET FAC
Qu'est-ce que vous allez passer comme bac? What A levels/Highers are you going to do?
Je voudrais passer un bac technologie. Je m'intéresse **beaucoup** à l'informatique.
I'd like to do technology A levels/Highers. I'm very interested in ICT and computing.
Et si vous êtes reçu au baccalauréat? What will you do if you pass your exams?
J'irai en faculté de technologie. I'll study technology at university.

APRES LA FAC
Et enfin, quel métier choisirez-vous? Then finally, what occupation will you choose?
Bof, **ce n'est pas évident** ... les télécommunications, **peut-être**.
Well, it's not obvious ... telecommunications, maybe.
Vous ne voudriez pas être professeur? You wouldn't like to be a teacher?
Si, peut-être. **On verra bien**. Yes, perhaps. We'll see.

Key terms/top tips

- Reread the two texts and see how much you can remember (you've done it all now!):

1. The perfect tense: 'avez-vous décidé?'
2. The present tense: 'c'est', 'je commence', 'j'aime bien'
3. The future tense: 'j'irai', 'on pourra', 'choisirez-vous?'
4. The conditional: 'je voudrais', 'ça serait'
5. Infinitives with and without 'à' or 'de': 'je vais essayer', 'on pourra faire', 'je commence à penser', 'je refuse d'aller'
6. Adjectives: ennuyeux, intéressant, idéal
7. Useful link words and expressions: 'et', 'mais', 'donc', 'd'abord', 'puis', 'ensuite' 'pour moi', 'pas tout à fait', 'sûrement pas', 'peut-être'

- Put them all together and you're there! Bon courage!

La vie active

Je commence à penser au monde réel: la vie active.
I'm beginning to think about the real world: the world of work.
Je refuse d'aller à l'université – **je n'ai pas envie** de continuer mes études.
I refuse to go to university – I don't want to continue studying.
Je voudrais commencer à gagner ma vie **aussitôt que possible**.
I'd like to start earning a living as soon as possible.
Je **ne** m'intéresse **ni** au marketing **ni** à l'industrie **ni** à la mécanique.
I'm not interested in marketing, industry or (mechanical) engineering.
Je ne voudrais pas travailler dans les télécommunications **non plus**.
I wouldn't like to work in telecommunications either.
J'aime bien l'idée de l'hôtellerie, mais je crois que cela doit être dur comme métier.
I like the idea of hotel management and catering, but I think it must be a hard job.
Je vais **donc** chercher un emploi dans le tourisme. Pour faire ça …
So I'm going to look for a job in tourism. To do a job like that …
… il faut être créateur mais logique aussi, un peu indépendant …
… you need to be creative but logical, too, a bit independent …
… très méthodique et très pratique.
… very methodical and very practical.
Pour moi ce serait le métier idéal.
For me it would be the ideal job.

WHICH WAY TO GO? 2 The wider world

QUICK TEST

Say/write it in **English**:
1. L'hôtellerie.
2. Un apprentissage dans la mécanique.
3. Je voudrais gagner ma vie.
4. Il a décidé de chercher un emploi.

Say/write it in **French**:
5. I'm going to do my A levels/Highers.
6. What do you need?
7. That would be too hard.
8. I'm beginning to understand.
9. I'll study medicine at university.
10. I'm going to look for a job in marketing.

Practice questions

Use the questions to test your progress. Check your answers on page 96.

Speaking

Role play 1
You are talking to a French friend about what can be done about environmental problems.
- Say people can recycle. (1 mark)
- Say it's necessary to protect the forests. (1 mark)
- Say people can use public transport. (1 mark)
- Ask your friend what he/she thinks is the most serious problem. (1 mark)

(4 marks)

Role play 2
You are discussing with a French friend what you'll do when you finish your exams.
- Say you'll go on holiday. (1 mark)
- Say you'll spend some time with your mates. (1 mark)
- Say you'll prepare for A levels/Highers. (1 mark)
- Ask him/her what he/she'll do. (1 mark)

(4 marks)

General conversation
1. Quel temps fera-t-il demain? (1 mark)
2. Qu'est-ce que tu vas faire l'année prochaine? (1 mark)
3. Tu voudrais choisir un métier? Lequel/Pourquoi pas? (1 mark)
4. Qu'est-ce que tu n'aimerais pas faire, et pourquoi? (1 mark)
5. Que ferais-tu si tu avais beaucoup d'argent? (1 mark)
6. A ton avis, que faut-il faire pour protéger l'environnement? (1 mark)
7. Quel est le plus grand problème, à ton avis? (1 mark)
8. Comment gardes-tu la forme? (1 mark)
9. Tu as de mauvaises habitudes? Lesquelles/Pourquoi pas? (1 mark)
10. Que penses-tu des problèmes des jeunes? (1 mark)
11. Qu'est-ce que tu refuses de faire? (1 mark)
12. Tu as décidé de continuer tes études? Pourquoi (pas)? (1 mark)

(12 marks)

Writing

1. Design a poster to promote saving the environment.

Écrivez ces phrases en français.
- Recycle waste! (1 mark)
- Protect the forests! (1 mark)
- We must save rare species! (1 mark)
- Stop oil tanker accidents! (1 mark)
- Use public transport! (1 mark)

(5 marks)

2. Use your imagination: write up to 90 words on your ideal job, using the questions/prompts to help you.

Mon métier idéal

Répondez à ces questions en français.
- Qu'est-ce que tu n'aimerais pas faire comme métier? (3 marks)
- Quel métier voudrais-tu choisir? (3 marks)
- Pourquoi? Tu aimerais travailler seul(e)? En équipe? Dans un bureau? Dehors? (3 marks)
- Tu préférerais voyager ou travailler dans une usine? (3 marks)
- Tu voudrais garder le contact avec les jeunes/rencontrer les gens? (3 marks)

(15 marks)

Reading

1. Lisez l'article.
Vie active ou vie scolaire?

Pour beaucoup de jeunes aujourd'hui, le monde réel n'est pas du tout le monde de l'éducation. Au contraire, la vie des collèges a quelque chose d'irréel, qui oblige trop de jeunes à douter de la valeur de l'éducation continue. Ils trouvent qu'il n'y a que la vie active qui compte: pourquoi passer encore 4 ou 5 ans à faire des études, alors qu'on peut commencer sa carrière tout de suite? Pour eux, il vaut mieux faire un travail utile, tout en gagnant de l'argent, qu'aller à l'université.

Indiquez si les phrases sont vraies (V) ou fausses (F).
1. L'école et les cours ne reflètent pas la vie pour les jeunes. (1 mark)
2. La plupart des jeunes acceptent l'importance de l'éducation. (1 mark)
3. Ils préfèrent travailler quatre ou cinq ans d'abord. (1 mark)
4. L'important, c'est de travailler et de toucher un salaire. (1 mark)

(4 marks)

2. Lisez le texte.

Qu'est-ce que ⬚1⬚ veut dire 'être bon citoyen'? ⬚2⬚ m'énerve, c'est tous ces gens qui insistent qu'il ⬚3⬚ mener une vie saine, si on veut ⬚4⬚ considéré 'bon citoyen'. Et alors?! Si j'ai ⬚5⬚ de garder certaines mauvaises habitudes, c'est mon affaire, non?! Même si je ne me couche pas tôt et je ⬚6⬚ de prendre de l'exercice, ⬚7⬚ je trouve tout à fait normal, cela ne m'empêche pas d'être bon citoyen.

Écrivez la lettre du mot qui correspond à chaque numéro.
Exemple: 1 D

   A   ce qui
   B   vaut
   C   faut
   D   cela
   E   ce que
   F   avoir
   G   décidé
   H   être
   I   refuse

(6 marks)

3. Lisez le texte.
Quelles alternatives?

Combien de fois faudra-t-il nettoyer les plages de la Bretagne, à la suite d'encore des accidents de pétroliers? Combien de poissons, d'oiseaux et de plantes devront mourir, tout simplement parce que nous refusons de rechercher d'autres sources d'énergie, à part le charbon et le pétrole? Est-ce qu'on pourra jamais réparer le trou dans la couche d'ozone? Qui va nous protéger les forêts, les espèces rares, les océans et les mers? Il y a vingt ans déjà le problème devenait insupportable. Et nous voilà au début du deuxième millénaire sans solution … mais non sans espoir: on ne peut plus attendre les interventions gouvernementales, mais on peut changer d'opinion.
Sauvez la terre! Votez Écologiste!

Répondez en français aux questions.
a) Pourquoi doit-on trop souvent nettoyer les plages bretonnes? (2 marks)
b) Quels sont les effets des accidents de pétroliers? (2 marks)
c) Que pourrait-on faire pour éviter ces problèmes? (2 marks)
d) Nommez encore quatre aspects de la destruction de l'environnement. (2 marks)
e) Que faut-il faire pour trouver une solution? (2 marks)

(10 marks)

Answers

Everyday life
Quick test answers

Page 11 My home 2
1. I live in the countryside.
2. The carpet is dark red.
3. On the ground floor, there's the living room.
4. The curtains are yellow.
5. C'est une petite ville, dans le sud-ouest de l'Angleterre.
6. J'habite une maison de six pièces.
7. Il est comment, ton appartement?
8. J'aime ma chambre, parce qu'elle est assez grande.
9. Ma maison est à dix kilomètres du centre-ville.
10. Dans ma chambre il y a un ordinateur et des posters.

Page 15 Family, friends and me 2
1. My name's Thomas.
2. Do you have a pet?
3. When is your birthday?
4. What's your address?
5. Tu t'appelles comment?
6. Tu as quel âge/Quel âge as-tu?
7. Je suis assez timide.
8. Elle a les yeux verts.
9. (Est-ce-qu') il aime la lecture?
10. Voici ma sœur. Elle est très intelligente et elle adore les animaux.

Page 19 Daily routine 2
1. I get up at 8 o'clock.
2. When do you go/are you going to bed?
3. He does the cooking/He's cooking.
4. Do you take/Are you taking the bus or the train?
5. D'abord je me réveille tôt.
6. Tu fais ton lit?
7. Je prends des céréales pour le petit déjeuner.
8. Je fais rarement le repassage.
9. Sept heures de cours? Je trouve que c'est fatigant!
10. Le soir j'écoute souvent mes CD ou je me couche tôt.

Page 23 School and money 2
1. Describe your school.
2. It's a school with around 1,000 pupils.
3. The first lesson starts at 9.15.
4. I'm quite bad at German.
5. Il est comment, ton collège?
6. Mes matières préférées sont le français et les maths.
7. Tu as/As-tu/Est-ce que tu as un petit travail?
8. Je travaille dans un magasin de vêtements.
9. C'est ennuyeux.
10. Je reçois vingt livres par semaine.
11. Je fais des économies pour (acheter) un ordinateur.

Page 25 Descriptions 1
1. His beard is blond.
2. My sister is lazy.
3. He's got straight, red hair.
4. You're very kind.
5. Their brother is sporty.
6. Je suis fatigué(e). Add the extra 'e' if you're a girl.
7. Nos parents sont vieux.
8. J'ai les yeux marron.
9. Ils habitent dans une petite maison.
10. Ma sœur a les cheveux mi-longs et bouclés.

Page 27 Descriptions 2
1. My mother is pretty and average height.
2. Your father has quite short, brown, curly hair.
3. His younger sister is talkative, but hard-working.
4. Their older brother is unemployed.
5. Mon frère est marié.
6. Je m'entends bien avec lui.
7. Son père est médecin.
8. Notre mère est américaine.
9. Tu t'entends bien avec tes parents?
10. Ma sœur est coiffeuse.

Pages 28–29 Answers to practice questions

Speaking

Role play 1
Je vais au collège à pied/en autobus/à vélo/en voiture/en train. (1 mark)
Ma matière préférée est le dessin/l'anglais/la géo, etc. (1 mark)
(Parce que) c'est intéressant/facile/amusant/le (la) prof est sympa, etc. (1 mark)
Comment vas-tu au collège?/Tu fais quelles matières?/Le collège commence (finit) à quelle heure?, etc. (1 mark)
 (4 marks total)

Role play 2
Je me lève à sept heures et quart, etc. (1 mark)
Pour le petit déjeuner, je prends des céréales/des toasts/du café/du thé, etc. (1 mark)
Le soir, je fais mes devoirs/j'écoute de la musique dans ma chambre/je regarde la télé, etc. (1 mark)
Qu'est-ce que tu fais le week-end? (1 mark)
 (4 marks total)

General conversation
1. Oui, j'ai un chien/un chat/une perruche, etc./Non, je n'ai pas d'animal. (1 mark)
2. Il y a (quatre) personnes dans ma famille./J'ai un frère et deux sœurs./J'habite chez mon père, etc. (1 mark)
3. Je m'entends bien avec mon/ma/mes …, mais je ne m'entends pas très bien avec mon/ma/mes, parce qu'il/elle est … /ils sont … (1 mark)
4. Ma mère/mon père est assez grand(e)/petit(e)/de taille moyenne. Il/elle a les cheveux longs/courts/frisés/blonds/noirs, (etc) et les yeux marron/bleus, etc. (1 mark)
5. J'habite à (+ name of town/village). C'est une grande/petite ville/un village, dans le nord/nord-est, etc. de l'Angleterre/de l'Ecosse/de l'Irlande/du Pays de Galles. (1 mark)
6. Ma maison/mon appartement est très/assez petit(e)/grand(e). Il y a (7) pièces: au rez-de-chaussée il y a la cuisine, etc.
7. Je me lève tous les jours à (+ time). Je prends une douche./Je quitte la maison à (+ time), etc. (1 mark)
8. Normalement je fais la cuisine/D'habitude je fais la vaisselle, etc. (1 mark)
9. Oui, je reçois (10) livres par jour/semaine/mois, etc/Non, je ne reçois rien. (1 mark)
10. Non, je ne travaille pas./Oui, je travaille (tous les samedis) dans un supermarché./Je livre/distribue des journaux, etc. (1 mark)
11. J'achète des CD/des jeux électroniques./Je vais au cinema, etc./Je fais des économies pour les vacances, etc. (1 mark)
12. C'est le (date). (1 mark)
 (12 marks total)
 (Total for Speaking: 20)

Writing
1. télé/ordinateur/chaîne hi-fi/tapis/armoire/bureau, etc. (1 mark for each. Total: 4 marks)
2. (2 marks for each, based on spelling and grammatical accuracy)
Je fais maths/anglais/sciences, etc. (2 marks)
Je n'aime pas le français/l'histoire/la technologie/les maths, etc. (2 marks)
Parce que c'est ennuyeux/trop difficile/le (la) prof est assez sévère, etc. (2 marks)
C'est un (grand/petit) collège de (800) élèves. Il y a un gymnase et une piscine, etc. (2 marks)
En général, les profs sont gentils/ne sont pas très gentils, etc. (2 marks)
J'ai (5) cours par jour. (2 marks)
D'habitude, je fais me devoirs le soir, avant/après le dîner et le dimanche après-midi, etc. (2 marks)
Comment vas-tu au collège?/Les cours commencent/finissent à quelle heure?/Quelle est ta matière préférée?, etc. (2 marks)
 (16 marks total)
 (Total for Writing: 20 marks)

Reading
1. Bathrooms (1 mark)
2. Ground floor (1 mark)
3. (Any 2 of) old/8 rooms/a cellar (2 marks)
4. South-west (1 mark)
5. 2G 3H 4E 5D 6C 7B 8A
 (1 mark each = 7 marks total)
6. 2G 3H 4E 5J 6A 7F 8K 9D
 (1 mark each = 8 marks total)
 (Total for Reading: 20 marks)
 (Total for test: 60 marks)

Leisure and travel 1
Quick test answers

Page 33 Getting about 2
1. In front of/Outside the swimming pool.
2. Opposite the theatre.
3. Next to the post office and near the market.
4. We're going on holiday in June.
5. Derrière le musée.
6. C'est à côté du château.
7. Qu'est-ce qu'il y a à Paris?
8. Tu vas/Vous allez dans les Alpes ou dans les Pyrénées?
9. Il n'y a pas grand-chose pour les jeunes.
10. Je vais au Canada en avril avec mes parents.

Page 37 Leisure, hobbies & sports 2
1. I'm going (to go) out.
2. Do you like reading/to read?
3. We can dance.
4. Who is going to sing?
5. S'il fait froid.
6. Qu'est-ce que tu fais comme sports?
7. (Est-ce que) tu vas faire tes devoirs?
8. On peut jouer du piano?
9. S'il fait du vent il ne peut pas sortir.
10. Elle veut faire de l'alpinisme.

Page 41 Where did you go … ? and what did you do … ? 2
1. Last Sunday.
2. During the holidays.
3. I went out.
4. She took the plane.
5. Tu es/Vous êtes allé(e)(s) à Paris.
6. Elle est partie à quatre heures.
7. Qu'est-ce que tu as/vous avez fait à Noël?
8. Nous sommes descendu(e)s à/sur la plage.
9. Ils/Elles ont envoyé un e-mail.
10. Vendredi soir je me suis couché(e) tôt.

Pages 42–43 Answers to practice questions

Speaking

Role play 1
Normalement je prends le bus. (1 mark)
Il y a un centre commercial. (1 mark)
Ce n'est pas mal comme ville. (1 mark)
(Et la ville?) Qu'est-ce qu'il y a pour les jeunes? (1 mark)
 (4 marks total)

Role play 2
J'aime aller à la pêche. (1 mark)
Je vais (à la pêche) tous les week-ends. (1 mark)
Tu peux aller à la pêche ce week-end? (1 mark)
On peut/Nous pouvons aller (à la pêche) samedi matin à huit heures. (1 mark)
 (4 marks total)

General conversation
1. Je vais en France/à Paris, etc./Je reste chez moi/à la maison, etc. (1 mark)
2. (J'y vais) avec mes copains/parents en train/avion/bateau/voiture, etc. (1 mark)
3. Non, elle est trop tranquille pour moi, etc. (1 mark)
4. J'aime écouter mes CD/regarder la télé, etc. (1 mark)
5. J'aime aller à la piscine/patinoire/faire du shopping, etc. (1 mark)
6. Je préfère le foot/tennis/basket, etc. (1 mark)
7. On va/Nous allons voir le match/aller au concert/rester à la maison, etc. (1 mark)
8. Je suis allé au cinéma, etc. (1 mark)
9. Oui, je me suis levé(e) à midi./Non, je me suis levé(e) tôt. (1 mark)
10. J'ai fait mes devoirs/je suis sorti avec mes copains, etc. (1 mark)
11. Je suis resté à la maison/Je suis allé chez mes grands-parents, etc. (1 mark)
12. C'était bien/ennuyeux, etc. (1 mark)
 (12 marks total)
 (Total for Speaking: 20 marks)

Writing
1. (Based on spelling and grammatical accuracy)
Je veux aller au concert/vendredi soir/au théâtre au centre-ville. (3 marks)
Tu veux venir/avec moi? (2 marks)
Le concert commence/à huit heures du soir/20 heures. (2 marks)
Réponds (-moi) vite! (1 mark)
 (8 marks total)
2. (Based on spelling and grammatical accuracy)
Ce week-end je suis allé(e) à Parc Astérix avec mes copains. (2 marks)
Nous avons visité Paris aussi. (2 marks)
Nous sommes rentrés samedi soir à minuit. (2 marks)
C'était super. (2 marks)
Ce week-end je vais rester à la maison. (2 marks)
Et toi, qu'est-ce que tu vas faire? (2 marks)
 (12 marks total)
 (Total for Writing: 20 marks)

Reading
1. 2F 3G 4C 5A
 (1 mark each = 4 marks total)

2. 2F 3K 4I 5C 6A 7B 8G 9E
   (1 mark each = 8 marks total)
3. a) L'hiver (1 mark)
   b) Les vacances d'hiver/Noël. (1 mark)
   c) On va/peut visiter (l'Hôtel) Andorre. (1 mark)
   d) Dans les Pyrénées. (1 mark)
   e) La France et l'Espagne. (1 mark)
   f) Le directeur de l'hôtel. (1 mark)
   g) On peut nager et faire de la gymnastique. (2 marks)
   (8 marks total)
   (Total for Reading: 20 marks)
   (Total for test: 60 marks)

Leisure and travel 2
Quick test answers
Page 45 Once upon a time 1
1. When I was younger I used to live in France.
2. My friends weren't there.
3. The witness was scared.
4. She drove too fast down the road.
5. Each day I used to walk to school.
6. Je répondais au téléphone aux clients.
7. Je travaillais dans un supermarché.
8. C'était ennuyeux.
9. Tous les matins je me levais à six heures.
10. J'arrivais chez-moi à six heures du soir/ dix-huit heures.

Page 47 Once upon a time 2
1. It was Thursday.
2. What were they doing?
3. We were on holiday.
4. The sun was shining.
5. Je faisais la cuisine.
6. Tu faisais du babysitting.
7. Quelle heure était-il?
8. Je dormais quand tu es/vous êtes parti(e)(s).
9. Il y avait cinq personnages dans le film.
10. Soudain j'ai vu que mes parents étaient là.

Page 51 Holiday accommodation 2
1. Is breakfast included?
2. There's neither a restaurant nor a swimming pool at the hotel.
3. I'd like a room on the ground floor.
4. There's the battery (that) I was looking for.
5. On peut/Tu peux/Vous pouvez louer des vélos ici.
6. Elle ne reste plus au camping.
7. Avez-vous des plats à emporter?
8. Je voudrais une chambre pour une famille avec douche.
9. C'est l'emplacement qui est à côté de la piscine?
10. Le sac de couchage que j'ai loué est sale.

Page 55 Directions and transport 2
1. Go down this road and pass the town hall.
2. Go as far as the traffic lights, then cross the bridge.
3. The next train leaves at 10pm.
4. The London flight leaves from gate 60.
5. Prenez la première rue à gauche.
6. Pardon/Excusez-moi, monsieur/madame. Pour aller à la plage, s'il vous plaît?
7. Est-ce qu'il y a une banque près d'ici, s'il vous plaît?
8. Le prochain bus part/est à quelle heure, s'il vous plaît?
9. Un aller-retour pour Nice, pour demain, s'il vous plaît.
10. C'est quel quai pour le train de Calais/Le train de Calais part de quel quai, s'il vous plaît?

Page 59 The world of preferences 2
1. Bigger/taller.
2. Less noisy.
3. The most beautiful island.
4. Fish tastes (is) better.
5. Ce n'est pas ma ville préférée.
6. Ta région est plus touristique que le nord-ouest.
7. La pizza/salade est le plat le plus délicieux.
8. C'est plus sale aux Etats-Unis.
9. C'est beaucoup trop gras.
10. Paris est la meilleure ville du monde.

Pages 60–61 Answers to practice questions
Speaking
Role play 1
Avez-vous des chambres libres? (1 mark)
Je voudrais une chambre pour une famille pour sept nuits. (1 mark)
(Je voudrais) une chambre avec douche. (1 mark)
Le petit déjeuner est compris? (1 mark)
(4 marks total)

Role play 2
Je voudrais aller à Paris. (1 mark)
(Est-ce qu') il y a un train vers/à midi? (1 mark)
Il arrive à quelle heure? (1 mark)
Je voudrais réserver une place. C'est combien? (1 mark)
(4 marks total)

General conversation
1. Je préfère passer les vacances chez moi, etc. (1 mark)
2. Ce sont les gens les plus sympa/ Ils sont bien, etc. (1 mark)
3. L'étranger parce que c'est plus exotique/intéressant/chaud, etc. (1 mark)
4. C'est très grand et très moderne/moche, etc. (1 mark)
5. Non, je préfère manger les hamburgers-frites, etc. (1 mark)
6. Il y a les châteaux, la campagne, les traditions, etc. (1 mark)
7. Je vais aller en Italie avec ma famille, etc. (1 mark)
8. C'était un film policier avec Mel Gibson. C'était nul! etc. (1 mark)
9. J'ai travaillé dans un bureau au centre-ville. C'était bien, etc. (1 mark)
10. J'aime faire du shopping et aller au café avec les copains, etc. (1 mark)
11. Pour moi les vacances idéales sont des vacances de douze mois ... sans cours! etc. (1 mark)
12. J'ai fait du surf et de la planche à voile. (1 mark)
(12 marks total)
(Total for Speaking: 20 marks)

Writing
1. J'ai téléphoné samedi après-midi. (2 marks)
J'ai réservé un emplacement/pour une caravane pour quinze jours. (2 marks)
C'est au nom de Martin./C'est combien? (2 marks)
(6 marks total)

2. (Depending on grammatical accuracy and range, up to 14 marks available, either answering the prompt questions (2 per answer) or using own ideas)
Le dernier film que j'ai vu était 'Ile déserte' avec Serge Blanc. Dans ce film il s'agit d'un homme qui est abandonné sur une île déserte. Il y a aussi une femme qui arrive sur l'île, mais elle est blessée et elle tombe malade. C'était en 1950. Le héros n'était pas médecin mais il a préparé des médicaments pour la femme avec des plantes et elle a été sûr il lui a sauvé la vie. C'est une histoire d'amour. Enfin, un avion est arrivé. Ils sont sauvés et ils se marient. C'était affreux comme film.
(14 marks total)

Or
L'Attaque des Martiens (suite)
Les Martiens sont allés vers la maison, où mon frère chantait dans la salle de bains. J'étais caché derrière l'arbre avec mon chat, qui miaulait encore! Les Martiens sont entrés dans la maison et mes parents sont sortis tout de suite. Ils avaient peur et ils me cherchaient. J'avais mon portable, alors mon père a téléphoné à la police: 'Au secours!' a-t-il crié, 'les Martiens sont arrivés!' Malheureusement, l'agent de police ne croyait pas mon père. Puis, mon frère est sorti de la maison – il portait une serviette, mais il courait très vite. C'était drôle, même si j'avais peur. Enfin, on a entendu les Martiens dans la douche. Ils chantaient tous! Quelle horreur!
(14 marks total)
(Total for Writing: 20 marks)

Reading
1. 2F 3A 4C 5D 6B (5 marks)
2. 2B 3E 4G 5A 6C (5 marks)
3. a) Ils aiment mieux/préfèrent/ rester en France pour leurs vacances. (2 marks)
b) L'Espagne, le Maroc, le Portugal (/le sud). (1 mark)
c) Les Français. (1 mark)
d) (Elles sont) moins accueillantes et moins propres/que les plages françaises. (2 marks)
e) La cuisine/nourriture anglaise. (1 mark)
f) L'humour anglais. (1 mark)
g) C'est grâce au climat et à la nourriture OR le climat et la nourriture. (2 marks)
(Total for Reading: 20 marks)
(Test total: 60 marks)

Out and about
Quick test answers
Page 65 Welcome! 2
1. Do you need anything?
2. We have to get up early.
3. Who's calling?
4. The 14th July is a holiday.
5. Tu as fait un bon voyage?
6. Tu peux me prêter une serviette, s'il te plaît?
7. Tu as soif?
8. Je voudrais parler/Est-ce que je peux parler à Pierre, s'il vous plaît?
9. Ça s'écrit comment?
10. On danse, on chante et on donne des cadeaux.

Page 69 Food and drink 2
1. (Some) tea.
2. Do you want some pizza?
3. I'd like some lemons.
4. A tin of peas.
5. Des pêches? J'en ai.
6. La soupe? Il la cherche.
7. Vous avez une table pour quatre personnes?
8. Donnez-moi une botte de radis et des tomates.
9. J'en prends un kilo.
10. Tu peux/Vous pouvez prendre des baguettes au rayon boulangerie au fond à droite.

Page 73 At the shops 2
1. This week: sale.
2. The cash-desk/till is over there.
3. Lift the receiver and insert a one-euro coin.
4. What shoe size are you?
5. Je cherche un pantalon gris, taille moyenne.
6. Je prends ce pantalon-ci, s'il vous plaît.
7. Je voudrais faire nettoyer ce manteau, s'il vous plaît.
8. Je voudrais changer des chèques de voyage, s'il vous plaît.
9. C'est combien pour envoyer une lettre en Grande Bretagne, s'il vous plaît?
10. Cette montre ne marche pas.

Page 77 Problems! 2
1. Toothache.
2. Have you got a temperature?
3. He has lost his blue cap.
4. The police had arrived.
5. Je suis enrhumé(e).
6. Qu'est-ce que tu as/vous avez perdu dans le vestiaire?
7. Elle est comment ta/votre montre?
8. Mes livres! Je les ai laissés à l'école!
9. Il est tombé en descendant l'échelle.
10. Quand tu es/vous êtes parti(e)(s) le camion avait déjà heurté la voiture.

Pages 78–79 Answers to practice questions
Speaking
Role play 1
Je suis malade/Je me sens malade. (1 mark)
J'ai de la fièvre. (1 mark)
J'ai mal au ventre/à l'estomac. (1 mark)
Merci. Au revoir. (1 mark)
(4 marks total)

Role play 2
Je voudrais/Donnez-moi un kilo de pommes de terre, s'il vous plaît. (1 mark)
Avez-vous des cerises, s'il vous plaît? (1 mark)
Je prends cinq cent grammes de fraises, s'il vous plaît (1 mark)
C'est combien/Ça fait combien, s'il vous plaît? (1 mark)
(4 marks total)

Role play 3
Je cherche/Je voudrais un pantalon, s'il vous plaît. (1 mark)
Je préfère le(s) pantalon(s) noir(s), en coton. (1 mark)
Grand/moyen/petit. (1 mark)
Je peux l'essayer, s'il vous plaît? (1 mark)
(4 marks total)

Role play 4
As-tu du dentifrice, s'il te plaît? (1 mark)
Je suis un peu fatigué(e). (1 mark)
Est-ce que je peux prendre une douche, s'il te plaît? (1 mark)
Voici un petit cadeau pour toi. (1 mark)
(4 marks total)

Role play 5
Allô. (Your name) à l'appareil. (1 mark)
Désolé(e). Il/Elle n'est pas là en ce moment. (1 mark)
C'est de la part de qui? (1 mark)
Ça s'écrit comment, s'il vous plaît? (1 mark)
(4 marks total)
(Total for Speaking: 20 marks)

Writing
1. (1 or 2 marks for each item, as indicated, depending on grammatical accuracy and spelling)
J'ai perdu ma valise. (1 mark)
Elle est (assez/très) grande; rouge/bleue/noire, etc.; en cuir (any 2 details, 1 mark for each = 2 marks)
Je l'ai laissée dans ma chambre/dans l'ascenseur, etc. (1 mark)
Dedans, il y avait mes vêtements/un appareil-photo/mon passeport/un livre, etc. (any 2 items, 1 mark each = 2 marks)
Il y avait un blouson en cuir/un pullover bleu clair; C'était un appareil-photo Kodak; Le livre s'appelle Harry Potter, etc. (any 2 details, 1 mark each = 2 marks)
(8 marks total)

2. (1 or 2 marks for each item, as indicated, depending on grammatical accuracy and spelling)
La fête la plus importante pour moi, c'est Noël/le Hannoukah/le Ramadan/le Diwali/le Nouvel An Chinois, etc. (1 mark)
J'adore/J'aime beaucoup cette fête. (1 mark)
Parce que tout le monde est heureux; on s'amuse; il y a beaucoup de lumière/de couleur; c'est un temps

de paix/de prière/de réfléchissement (2 marks)
On donne des cadeaux; on allume des bougies; on danse; il y a des défilés dans la rue; on chante; on envoie des cartes, etc. (2 marks)
On mange un gâteau spécial, qui s'appelle .../de la dinde et du pudding de Noël./On ne mange pas pendant ... jours. (1 mark)
Mon anniversaire, c'était le (8 décembre). Le week-end avant, je suis allé au parc d'attractions avec ma famille/J'ai fait une boum/J'ai invité mes copains à manger, etc. Nous avons dansé/Nous avons essayé toutes les attractions, etc. (2 marks)
J'ai reçu une montre/un vélo/de mon père/de ma mère/de mes parents, etc. (1 mark)
Pour mon prochain anniversaire, je voudrais/vais/j'espère aller à Disneyland/faire une boum/aller au cinéma avec mes copains/recevoir un ordinateur de mes parents, etc. (2 marks)
(12 marks total)
(Total for Writing: 20 marks)

Reading
1. Pineapples (1 mark)
2. Dry cleaning (1 mark)
3. (One of the following) raincoats/macs/coats/leather jackets (1 mark)
4. Flu (1 mark)
5. A starter and the dish of the day (Half a mark each = 1 mark)
   (5 marks total)
6. (a) F (b) V (c) V (d) F (e) F (1 mark for each = 5 marks total)
7. a) It was raining and it was getting dark. (2 marks)
   b) The lorry skidded/Its tyre burst/It hit the barrier/It turned over. (any 2 of these = 2 marks)
   c) His mother called the fire brigade. (1 mark)
   d) Because he was not wearing a seatbelt. (1 mark)
   (6 marks total)
8. (a) V (b) F (c) F (d) V (1 mark each = 4 marks)

(Total for Reading: 20 marks)
(Total for test: 60 marks)

The wider world
Quick test answers
Page 83 The future 2
1. You will leave/go out.
2. We'll go into town this evening.
3. What will the weather be like tomorrow?
4. He'd like to be an HGV driver.
5. On ira/Nous irons en vacances en août.
6. Tu viendras/Vous viendrez en France?
7. Elle aimerait être coiffeuse.
8. Je voudrais rencontrer les gens.
9. Si j'avais le choix, je serais ingénieur.
10. Comme il adore les animaux il deviendra vétérinaire.

Page 87 Our world 2
1. (The) greenhouse effect.
2. We must recycle.
3. The planet is threatened (under threat).
4. It's better to use public transport.
5. Il faut protéger les forêts.
6. Les espèces rares sont menacées.
7. Il vaut mieux manger sain.
8. Quel est le problème le plus grave?
9. A mon avis, il faut éviter la pollution.
10. Trop de jeunes prennent peu d'exercice.

Page 91 Which way to go? 2
1. Hotel management, hospitality and catering.
2. An apprenticeship in mechanical engineering.
3. I'd like to earn a living.
4. He has decided to look for a job.
5. Je vais passer mon bac.
6. Qu'est-ce qu'il faut?
7. Ça/Cela serait trop dur.
8. Je commence à comprendre.
9. J'irai en fac(ulté) de médecine.
10. Je vais chercher un emploi dans le marketing.

Pages 92–93 Answers to practice questions
Speaking
Role play 1
On peut recycler. (1 mark)
Il faut protéger les forêts. (1 mark)
On peut utiliser les transports en commun. (1 mark)
Quel est le problème le plus grave (à ton avis)? (1 mark)
(4 marks total)

Role play 2
Je partirai/J'irai en vacances. (1 mark)
Je passerai quelque temps avec mes copains. (1 mark)
Je préparerai mon bac. (1 mark)
(Et toi) qu'est-ce que tu feras? (1 mark)
(4 marks total)

General conversation
1. Il fera beau, mauvais, etc. (1 mark)
2. Je vais préparer mon bac/chercher un emploi, etc. (1 mark)
3. Oui, j'aimerais être prof (parce que je voudrais travailler avec les enfants), etc. (1 mark)
4. Je n'aimerais pas être enfermé (dans une usine/un bureau), etc. (1 mark)
5. Je ferais le tour du monde, etc. (1 mark)
6. Il faut recycler les déchets/arrêter les accidents de pétroliers, etc. (1 mark)
7. A mon avis, c'est l'effet de serre/la disparition des espèces rares, etc. (1 mark)
8. Je prends souvent de l'exercice/je ne fume pas, etc. (1 mark)
9. Oui, je mange beaucoup de frites/Non, je préfère garder la forme, etc. (1 mark)
10. Je pense que les problèmes des jeunes sont plus/moins importants que les problèmes de l'environnement, etc. (1 mark)
11. Je refuse de choisir un métier à 16/17 ans, etc. (1 mark)
12. Oui, parce que je ne veux pas travailler encore/Non, je préfère gagner de l'argent, etc. (1 mark)
(12 marks total)
(Total for Speaking: 20 marks)

Writing
1. Recyclez les déchets! (1 mark)
Protégez les forêts! (1 mark)
Il faut sauver les espèces rares! (1 mark)
Arrêtez les accidents de pétroliers! (1 mark)
Utilisez les transports en commun! (1 mark)
(5 marks total)
2. (Possible answer)
Mon métier idéal
Je n'aimerais pas faire un travail physique,/par exemple/je ne voudrais pas travailler dans une usine./Je n'aimerais pas être enfermé,/je préférerais travailler dehors, dans la nature./Je voudrais (peut-être)/devenir vétérinaire,/parce que/j'aime bien travailler avec les animaux/et je voudrais rencontrer des gens aussi./Comme vétérinaire/on peut travailler en équipe aussi./J'aimerais voyager un peu aussi,/alors/le métier de vétérinaire me plairait beaucoup.
(1 mark per section = 15 marks total)
(Total for Writing: 20 marks)

Reading
1. (1) V (2) F (3) F (4) V (4 marks)
2. 2A 3C 4H 5G 6I 7E (6 marks)
3. a) Parce qu'il y a trop/d'accidents de pétroliers. (2 marks)
   b) Les poissons, les oiseaux/et les plantes meurent (/sont tués). (2 marks)
   c) On pourrait rechercher/d'autres sources d'énergie. (2 marks)
   d) Le trou dans la couche d'ozone, la destruction des forêts/la pollution des océans (et des mers). (2 marks)
   e) Il faut changer d'opinion/et voter (en votant) 'Écologiste'. (2 marks)
(Total for Reading: 20 marks)
(Test total: 60 marks)

Index

adjectives 9, 21, 27, 56
   before and after nouns 25
   agreeing with nouns 24
   comparative adjectives 56
   irregular adjectives 25
   masculine and feminine forms 9, 20, 24–6, 70
   possessive adjectives 24
   superlative adjectives 56
aller 8
alphabet 5
articles
   definite and indefinite 30
   partitive 66
auxiliary verbs 38–9
avoir 8, 13, 39, 62, 75

conditionals 81–3
conjunctions 5

de 53, 89
devoir 62

-er verbs 8
être 8, 13, 38, 62, 75, 84
exam hints 6–7

faire 8, 16
future tense 80–3, 85

il faut 62, 84–6, 89
il vaut 85
imperatives 53
imperfect tense 44–7, 81, 85
infinitives 34
   infinitive constructions 89
-ir verbs 8

link words 5

modal verbs 35

negatives 21, 49
nouns
   masculine and feminine 20–1, 24, 52, 66–7
   plurals 52

on 63

passive 84
past participles 38–9
perfect tense 38–9, 47, 75
phrases 27, 41, 48, 71
pluperfect tense 75
prendre 16
prepositions 30–1, 53
present participles 74
present tense 8, 16, 46

pronouns 16
   direct object 66, 75
   relative pronouns 48, 88
   subject 8, 25, 66

questions 5, 12, 14, 54, 66–9, 72

-re verbs 8, 80
reflexive verbs 16–17

si 81
tu and *vous* 4

voici 13
voudrais 66